# 宗教社会学

## 神、それは社会である

奥井智之 著

SOCIOLOGY OF RELIGION
GOD IS SOCIETY, WRIT LARGE

東京大学出版会

SOCIOLOGY OF RELIGION:
GOD IS SOCIETY, WRIT LARGE
Tomoyuki OKUI
University of Tokyo Press, 2021
ISBN 978-4-13-053031-6

宗教社会学——神、それは社会である

目次

# はじめに

## 宗教社会学

わたしたちの周囲には一定の割合で、宗教に深くコミットしている人々がいる。すなわち特定の教義を信奉したり、特定の教団に所属したりしている人々が、それである。その一方で多くの人々はと言えば、必ずしも宗教に深くコミットしているわけではない。いま前者のカテゴリー(範疇)の人々をAと呼び、後者のカテゴリーの人々をBと呼ぶことにしよう。一言で言えばAは信心深い人々であり、Bはそうでない人々である。本書においてわたしが読者として想定しているのは、このBの人々である。なるほどAの人々は、宗教に深くコミットしている。おそらく宗教は、かれらの日常生活の全体ないしは重要な一部をかたちづくっているのであろう。その場合「人間にとって宗教とは何であるのか」という問いが、かれらの心に新鮮に響くかどうかは疑問である。かれらはいま、まさに宗教とともに生きている。その限りではかれらが、宗教を学問的な考察の対象にする必要はどこにもない。

いやかれらにとっては、「宗教」という概念自体が大した意味をもたないかもしれない。一般に宗教は、不特定多数の教義や教団を包括的にとらえるための概念である。特定の宗教に深くコミットしている人々にとって、そのような一般的な概念が意味をもつことはないはずである。これに対してBの人々は、宗教とは疎遠な人々である。しかしかれらは、宗教を学問的な考察の対象とするのに格好の位置にいると言うこともできる。人文社会系の著作では読者と著者を包摂する言葉として、しばしば「わたしたち」が用いられる。その際「わたしたち」は、事実上著者が説得しようとする読者の範囲を示している。そしてそれには、その都度固有の意味合いが付与される。本書でわたしは、このBの人々をさして「わたしたち」という言葉を用いたいと思う（当然わたし自身も、このBの人々に含まれる）。すなわち本書は、必ずしも宗教に深くコミットしていない人々を読者として想定している。

本書でわたしは、宗教に関する社会学的考察を行いたいと思う。わたしにとってこれは、少々冒険的な試みである。学問分野のなかで宗教を専門的な研究対象としているのは、宗教学（religious studies）である。そしてまた主要な宗教（キリスト教、仏教、イスラームなど）については、個々の宗教ごとに専門的な研究領域が設けられている。いずれにしてもそれらは、広義の宗教学のカテゴリーに属している。宗教学の周辺でもそれぞれの問題関心によって、独自の宗教研究が行われている。社会学の一つの領域としての宗教社会学（sociology of religion）は、その一例である。もっとも社会学のなかで、宗教社会学の占める陣地はけっして広いものではない。実際には宗教に関する社会学的研究は、宗教学の領域で行われている。元々わたしは、宗教学者でも宗教社会学者でもない。そのようなわたしが宗教に関する社会学的研究を行おうとするのは、それ自体一つの冒険であるに違いない。

しかしわたしは、ここで「二乗の科学」としての社会学の特権を行使しようと思っているのである。社会学を「二乗の科学」と規定したのは、ジンメルである。すなわち固有の理論的関心をもって、隣接科学が提供してくれる素材（それは一次的な素材というよりも二次的な素材にあたる）を料理するのが社会学であるとジンメルは説く。実際大家《たいか》の社会学者は、総じて宗教に関する社会学的研究を行っている。たとえばジンメルやデュルケームやウェーバーが、そうである。特段かれらが、宗教研究の専門家であったわけではない。その後もパーソンズやルーマンやU・ベックが、それぞれ宗教社会学の作品を遺《のこ》している。わたしはここで、大家の社会学者を気取るつもりはもうとうない。他の学問分野と同じく社会学においても、専門化の傾向は顕著である。そのなかで社会学の原点に立ち戻り、少々スケールの大きい仕事をしたいというのが、本書に取り組むにあたってのわたしの抱負である。

『宗教生活の基本形態』でデュルケームは、なぜ宗教を社会学的な研究対象とするかについて縷々《るる》述べている。その著作の前提であり結論でもある定理は、次のようなものである。宗教はすぐれて社会的な事象である。すなわち宗教は、それ自体「社会の産物」であるとデュルケームは言う。

その上で神とは、社会の異名であるというのがそこでのかれの洞察である。遺憾ながらそれが、今日の社会学においてどこまで支持される見解になっているかは判然としない。しかしそれは、宗教社会学の重要な成果と言ってよいものである。「二乗の科学」としての社会学には、各種の領域社会学が存在する。そのなかで宗教社会学は、特別な地位を占めるものであろう。というのも宗教的結合は、社会的結合の原型をなしているからである。その意味では比喩的に（全体と部分の包含関係について提喩的《シネクドキ》に）、こう言うことができるかもしれない。社会について学ぶことは、宗教について学ぶことである。

## 生の苦難

社会学の祖と言われるコントは、二〇〇年ほど前に「三段階の法則」を提示した。コントはそこで、人間の知識は――神学的・形而上学的・実証的の三つの段階を経て――直線的に進化すると主張した。この知識の三段階は社会の中心的な活動と結びつければ、軍事的・法制的・産業的の三段階にそれぞれ対応している。あるいはまた同時代のフランス革命と結びつければ、革命前・革命期・革命後の三段階にそれぞれ対応している（たとえばフランス革命の指導者には、ロベスピエールを始めとして法律家出身者が多かった）。いずれにしてもそこでのコントの主張は、簡略に言えばこうなる。人間の知識は宗教的なものから科学的なものに移行しなければならない。格別それが、注目に値する見解というわけではない。たとえばそれは、近代の学校教育の前提となってきた思想である。ここでは宗教的なものが、すでに二〇〇年ほど前から知的な撲滅運動《クルセード》の対象であったことを確認したいだけである。

この撲滅運動が今日まで、どの程度の戦果をあげたかについての評価はなかなか難しい。一面では宗教は、社会的な影響力をすっかり失ってしまったように映る。その一方で宗教は、いまだに社会の隅々にしっかりと根を張っている。直截《ちょくせつ》に言えば近代を通じて、科学がエリートのものであったのに対して、宗教は大衆のものであった。そしてエリートによる大衆の教化（civilization）が、構想通りに進行してきたとはとうてい言えない。それに関連してここで、コントに関わる挿話《エピソード》を一つ紹介しよう。コントが若き日に、神学的段階から実証的段階への知識の進化の法則を提示したことはさきに書いた。ところがかれの実人生は、この法則通りにはいかなかった。後年コントは、将軍の娘にして人妻でもあった女性に求愛した。かの女はコントの愛を受け入れることなく、やがて亡くなった。この恋愛体験を経てコントは、その女性を女神として——自らは祭司となって——「人類教」を創始した。

わたしはここで、コントの首尾一貫しない態度を嘲笑したいのではない。しょせん人間の実人生は、その程度のものであると言いたいのである。よく知られているようにウィトゲンシュタインの『論理哲学論考』は、「語り得ないことについては沈黙しなければならない」という命題で締め括られている。一般にそれは、形而上学の終焉を告知した言葉として理解されている。たしかに「語り得ないことについては沈黙する」ことが、科学的知識の存立条件である。それによって科学が、人々の信頼を勝ち得てきたことは称賛に値する。しかしまた科学的知識が、大きな限界をもっていることも明らかである。わたしの周囲には大学受験が思い通りにいかなかったり、年若い子どもに先立たれたりしたことが機縁で、宗教に入信した人々がいる。その場合宗教が、かれらに「救い」を提供した（している）のである。かりに同じことを科学に期待したとしても、門前払いを食らうのが関の山であろう。

生の苦難は古来、人間を宗教に結びつける要因として注目されてきた。それをどうとらえるかは、宗教ごとに区々《まちまち》である（たとえば仏教は、それを「四苦」あるいは「八苦」にまとめている）。その上で宗教が生の苦難にどう対処しようとしてきたかは、宗教社会学の重要な主題の一つである。ウェーバーは『世界宗教の経済倫理』という総括的な標題の下で、浩瀚な宗教社会学の論文群を著した（それらはかれの没後、『宗教社会学論集』に収録された）。その中枢を占める論文が「プロテスタンティズムの倫理と資本主義の精神」（以下、「倫理」論文と略記）であり、プロテスタンティズムの倫理と「資本主義の精神」の親和性がそこで論じられていることは、改めて断るまでもない。わたしがここで注目したいのは、予定説の下におかれたカルヴィニストの苦境である。すなわちカルヴァンは、かれの信者にこう宣告した。人間は神の「救い」に与《あずか》れるかどうかにまったくコミットしえない。

その際カルヴィニストが、恐怖と不安のどん底に突き落とされたであろうことは想像に難くない。それがまさに、カルヴィニストがおかれた苦境であった。そこにカルヴァンがいかなる「救い」の手を差し伸べたかについては、本書のなかで追々明らかにしていきたいと思う。ウェーバーは宗教社会学の領域で、経験的な研究に加えて理論的な考察も行っている。たとえばさきの『世界宗教の経済倫理』の序論と中間考察、『宗教社会学』と題される著作（同じく没後に編まれた『経済と社会』のなかの一編）などが、それである。そのなかでウェーバーが提示する有名な概念に、「苦難の信義論」がある。それは「幸福の信義論」と対をなすもので、「苦難」を合理的に説明するための論理をさす。たとえば「信仰」が足りないために「苦難」を強いられているというのは、典型的な「苦難の信義論」である。信者にとってそれが、十分に合理的な説明となることに宗教の論理の摩訶不思議がある。

## ホモ・レリギオースス

「日本人は無宗教である」という主張は、よく耳にするものである。各種の世論調査によれば日本人に「信仰をもっているか」と尋ねると、三割程度の人々が「もっている」、七割程度の人々が「もっていない」と答えるという。おそらくさきの主張は、このような調査結果に依拠するものであろう。その一方で「正月に初詣に出かけるか」と尋ねると、今度は七割程度の人々が「出かける」、三割程度の人々が「出かけない」と答えるという。こちらの調査結果を見れば「日本人は無宗教である」と、単純に言い切ることもできないということになる。この二律背反《アンティノミー》の状況を解消するのに宗教社会学は、何らかの学問的貢献が可能であろうか。そのアリアドネの糸（解決の糸口）

は「人間にとって宗教とは何であるのか」を問い直すことにあるのではないか、とわたしは思う。一般に宗教は、精神的なものとして理解されがちである。しかしまたそれが、儀礼的なものでもあることは明らかである。

そして社会学的には、「精神としての宗教」と同じく「儀礼としての宗教」もまた重要である。というのも「儀礼としての宗教」は、それ自体社会的なものであるからである。さきの問題に戻って言えば「儀礼としての宗教」は、日本人のなかにしっかりと根を張っている。オランダの文化史家ホイジンガは人間が根源的な遊戯性をもつとして、ホモ・ルーデンス（遊戯人）という概念を提示した（『ホモ・ルーデンス』）。ホイジンガによれば「遊び」は、他の目的のための手段ではなく、それ自体が目的としての意味をもつ。社会学の用語をもってすれば「遊び」は、手段的な（instrumental）行為ではなく完結的な（consummatory）行為ということになる。これに倣って人間は根源的な宗教性をもつとして、ホモ・レリギオースス（宗教人）という概念を提示することもできる。ちなみに宗教的行為もまた、手段的行為ではなく完結的行為としての性格をもつと理解されることが通例である。

『ホモ・ルーデンス』でホイジンガは、さまざまな文化の根源に「遊び」があると主張している。たとえばそこでは、「遊び」と裁判（法律）、戦争（政治）、知識、芸術、スポーツなどの類縁性が——学際的な（transdisciplinary）アプローチを通じて——解き明かされている。それは本書でホモ・レリギオーススを問題にする場合にも、大いに参考となるものである。宗教は本来、精神的なものであると同時に儀礼的なものでもある。儀礼は社会的な訓練や学習を通じて、人々の身体のなかに刷り込まれている。あるいはまたそれは、「人々の生活のなかに埋め込まれている」と言ってもよい。近年の社会学では「社会的な文脈のなかで暗黙裏に規範化されている身体技法や生活習慣」をさして、ハビトゥス（habitus）と呼ぶ。本書で「儀礼」という言葉を用いるのは、それに類似している。本書の関心は人々の身体技法や生活習慣の形成に、宗教が一役も二役も買っているということである。

宗教が大きな影響力をもっていたのは、伝統社会においてであった。そこでは宗教的な結合とコミュニティ的な結合が、ほとんど一体化していた。そのような宗教的＝コミュニティ的な結合の中核を占めるものの一つが、ローカルな「祭り」であった。人々にとってそれは、集団のメンバーであるために避けて通れない行事であった。そのような宗教的＝コミュニティ的な結合は近代化とともに、徐々に衰退に向かうことになった。いまでは宗教は、もはや過去の遺物と化している。おそらくそれが、多くの人々が宗教に対してもつイメージであろう。この場合宗教社会学は、もっぱら回顧《レトロスペクティヴ》的な活動となる。わたしはここで、こう自問する。はたしてそれは、宗教社会学のあるべき姿なのか。もしわたしたちが古典的な宗教概念にとどまるならば、その答えはイエスである。しかしそれに、ノーと答える方途もなくはない。というのも宗教は、より現代的な文脈でいまも再生産されているからである。

ネット上では今日、各所で集合的な熱狂あるいは興奮の状態が生じている。第三者的に見ればそれは、賞味期間が短い——次々と生まれては消えていく——ことに特徴をもつ。わたしたちはそこに、現代における「祭り」の一つの形態を見いだすこともできる。たしかにそれは、擬似的な宗教事象にすぎない。しかしそこには、古典的な宗教概念から現代的な宗教概念への転換のヒントがあるかもしれない。社会学において宗教は、いまでも重要な主題であり続けている。というのも宗教は、人々のコミュニティ的な結合の原型をなしているからである。それではコミュニティ的な結合が衰退に向かうとき（今日の社会学の用語を使えば社会のグローバル化と個人化が進行するとき）、宗教もまた衰滅に向かうのか。どうやらそれは、そう単純ではないらしい。宗教は今日、どこに向かおうとしているのか。それはまさに、「人間にとって宗教とは何であるのか」をめぐる現実的な問いの一つである。

「神は死んだ（God is dead）」とニーチェが喝破したのは、一九世紀後半であった。もちろんそれは、キリスト教的な文脈において語られたものである。そしてまたそれは、近代における宗教的なものの死について述べた言葉でもある。宗教的なものの死を通じて人間は、自らの生の創造者になる。すなわち各人は、自分がどう生きるかを自ら選択しうる（もしくは、選択しなければならない）ことになる。それから二一世紀前半の今日まで、この近代の理念はどこまで実現したのであろうか。わたしたちはニーチェの言葉を受けて、こう言うべきかもしれない。「神が生きている」状況は、この間も繰り返し生じた。そしていまも、神はいたるところで生きている。——さてそろそろ、宗教的なものをめぐる聖地巡礼に出かけるべき秋《とき》である。イエスは福音書のなかで、宗教的なものの何であるかをほとんど一言で表している。それは学問的な巡礼者にとっても、大いに励ましとなるものである。

明日のことを思い悩むな

# 1章

# 宗教

## 自己言及的システム

# 楽園追放

カトリックの教会に出入りしていたころ時々耳にした話に、アナトール・フランスの『聖母の曲芸師』がある。その物語のあら筋はおおよそ、次のようなものである。主人公の曲芸師はバルナベと言い、大道で手品や軽業《かるわざ》を見せながら町から町へと渡り歩いている。かれの得意の芸はアクロバティックな態勢で、六個の真鍮製のボールを綾にとったり、一二本の肉切り包丁を弄《もてあそ》んだりといったものである。その芸が見事であったにしても、かれの生活がその日暮らしであったことに変わりはない。それでもバルナベは、「神を恐れ、深く聖母を信仰して生きる一人の正直者であった」と作者は書く。バルナベは僧院の院長と知り合ったことが機縁で、僧院に身をおくことになる。僧たちは学問、筆耕、画業、彫刻、詩作などを通じて、各々聖母マリアに奉仕していた。しかし無学なバルナベには、そのような高尚なことは何一つできない。やがてバルナベは、人気《ひとけ》のない時間に御堂に籠るようになる。

院長たちはバルナベの行状を不審に思い、御堂のなかをのぞき込む。するとバルナベは、聖母マリアの像の前で得意の芸を披露している。あわてて院長たちがバルナベを引きずり出そうとすると、奇跡的な出来事が起こる。聖母マリアが祭壇から降りて、「御衣《おんぞ》の裾で曲芸師の汗をぬぐった」というのがそれである。作者はそこで、「心の清い人々は幸いである。かれらは神を見る」という聖句を引く。よく知られるようにそれは、「山上の垂訓」――イエスが山の上で弟子と群衆を前に行った説教――から引かれている。「心の清い人々」を含めてそこでは、八つのカテゴリーの人々が幸いであると語られる。その筆頭に位置するのは、「心の貧しい人々は幸いである。天の国はかれらのものである」という言葉である。この難解な言葉を理解するのに、さきの『聖母の曲芸師』は一つの指針を提供してくれる。端的に言えばそれは、純粋にして無垢な心こそが至上のものであるということである。

旧約聖書『創世記』によれば人間の祖先（アダムとイヴ）は、当初楽園（エデンの園）で何の労苦も知らずに生きていた。しかしかれらは、神の命に背いて知恵の木の実を食べる。それによって人間の祖先は、楽園を追放されることになった。すなわちそれは、人間が生の労苦を知るようになったことを意味する。たとえば人間は、それ以降「額に汗してパンを得る」ことを求められるようになったと『創世記』は伝える。キリスト教（厳密には西方教会）ではこれを、原罪（original sin）としてとらえている。いったいそこでは、何が「罪」なのか。『創世記』の説くところでは人間が、知恵の木の実を食べたこと自体が「罪」とされている。つまりはそこでは、知性を身に付け、自分の意思で生きていくこと自体が思想的に断罪されている。生物学的に人間は、ホモ・サピエンス（英知人）と規定されている。そこでは人間の存在理由《レゾン・デートル》が、文字通り人間が知的な存在であることに求められている。

しかしキリスト教は、そのような人間の存在理由そのものを否定しているように映る。神に対して人間が従順であることを求める以上、それは当然のことかもしれない。キリスト教の文脈で「心の貧しい人々」や「心の清い人々」が幸いであったり、『聖母の曲芸師』の主人公バルナベが祝福されたりするのは、そこから来ている。もっとも楽園から追放された以上、人間が純粋無垢な状態にとどまるはずはない。ルネッサンス期のイタリアの哲学者ピコ・デッラ・ミランドラは人間の楽園追放の物語について、『創世記』の記者とは異なる解釈を示している。ピコによれば楽園からの追放にあたり、神はアダムに対してこう告げたとのことである。「他の生き物は、わたしがあらかじめ定めた本性の枠内にとどまっている。お前は、自らの意思に従って自分の本性を決めるがいい。……自由かつ最高の造形者のように、お前は自分の姿かたちを造り出すことができる」（『人間の尊厳について』）。

『創世記』は人間の楽園追放を、一つの懲罰としてとらえていた。しかしピコは、それを一つの恩恵としてとらえている。いったい楽園からの追放は、人間にとって「懲罰」なのか、それとも「恩恵」なのか。楽園からの追放を「懲罰」ととらえるか「恩恵」ととらえるかは、一枚のコインの表と裏の関係にあるとわたしは思う。すなわちそれは、アンビヴァレント（精神分析の用語で、「両面的」の意）な性格をもっている。「人間にとって宗教とは何であるのか」を問う場合に、宗教には人間を保護すると同時に束縛する側面のあることを忘れてはならない。社会学的に見ればそこでの宗教と人間の関係は、コミュニティと人間の関係に類比できる。人々は今日、コミュニティから解放されている。しかしまた人々は、たえずコミュニティを希求している。今日の社会において宗教の占める位置も、基本的にそれと同じである。一言で言えば人々にとって、あってもなくても困るのが宗教である。

## 聖なるもの

「宗教」という日本語は明治以降、英語の religion の訳語として用いられるようになったものである。宗教学的には英語の religion も、存外新しい言葉であるという。すなわちそれが一般に通用するようになったのは、一九世紀後半以降であるらしい。もしキリスト教が唯一無二の宗教であるとすれば、それ以外の宗教は淫祠邪教にすぎない。同じくキリスト教のなかのある宗派が正統であるならば、それ以外の宗派は異端にすぎない。このような独善的な（dogmatic）宗教観が打ち破られ、さまざまな宗教や宗派を religion として概括的にとらえることが可能になったのが、一九世紀後半以降であった。それと同等の思想的転換が生じたのが、日本でも一九世紀後半であった。江戸時代において「宗教」に対応する言葉は、「宗門」であった。しかし「宗門」は、明らかに政治的な党派性を帯びていた。つまりは「宗門」は、幕府によって「禁教」とされた宗教や宗派を排除したカテゴリーであった。

本来「宗教」は、それらの（「禁教」とされた側の）宗教や宗派をも包含しうる用語である。このように「宗教」という用語そのものに固有の学問的意義のあることを、まずは確認しておきたい。語源的には religion は、「固く縛る」「固く結ぶ」といった意味の言葉に由来するという。要するに religion は、「結びつき」や「つながり」を意味する言葉である。いったいそこでは、何と何が結びつけられるのか。一つにはそれは、神々（あるいは神仏）と信者の結びつきをさす。そしてまたreligion は、信者同士の結びつきをもさす。そして二つの結びつきのどちらに重点をおくかによって、どう宗教を定義するかについて二つの方向性が生じる。といっても宗教は、多義的な（一義的に定義することが難しい）用語である。メルヴィルは『白鯨』の冒頭に、「鯨」をめぐる八一の抜粋を掲げている。それを一読したところで読者は、「鯨」について一つの明確なイメージを結ぶことはできない。

一九六一（昭和三六）年に文部省調査局宗務課から、『宗教の定義をめぐる諸問題』という冊子が刊行されている、そこでは各分野の宗教研究者による、一〇四の宗教の定義が掲げられている。文字通りそこには、百人百様の宗教の定義があるだけである。したがって読者は、そこから自分好みの宗教の定義を選ぶのが関の山である。社会学では宗教は、次のように定義されるのが普通である。すなわち宗教は、超自然的・超人間的な存在に対する信仰である。この定義のもつ限界として、「仏教を包摂できない」という指摘がある。仏教は本来、各人が「仏陀《ブッダ》」（覚者）になるための教えである。その意味ではそれは、さきの宗教の定義にはなじまない一面をもつ。わたしたちはもう一歩踏み込んで、こう問うこともできる。そもそも仏教は、宗教のカテゴリーに含まれるか否か。すなわちそれは、仏教がそもそも反宗教的（ないしは非宗教的）な志向をもっているのではないかという疑念である。

もし仏教が宗教のカテゴリーに含まれないのであれば、それを包摂するための宗教の定義に頭をひねることもない。そしてまた仏教をどう扱うかについては、教派ごとの違いにも目を配る必要がある。ごく簡略に言えば上座部仏教（南伝仏教。かつての呼称「小乗仏教」は、大乗仏教の側からの蔑称であるとして最近は用いられなくなっている）は、原始的な仏教の姿を残している。すなわちそこでは、各人の自力救済に力点がおかれている。具体的には出家し（僧侶になり）、厳しい修行の末に解脱《げだつ》する（悟りを開く）ことが、信徒の理想の姿とされている。これに対して大乗仏教（北伝仏教）では、「仏陀」は無数の超越的な存在者（諸仏諸尊）となっている。そして出家者と在家者の区別を問わず、それらの「仏陀」に帰依することが信仰の中核となる（日本に伝わった仏教の大半は、この大乗仏教である）。したがって大乗仏教については、さきの宗教の定義で十分に事が足りることになる。

デュルケームもまた宗教の定義にあたって、この仏教の問題に行き合っている。その上でかれは、宗教を「聖なるもの」への信仰のシステムと規定した。「仏陀」を神格化しない仏教の教派についても、この定義ならば適用可能であるというのがかれの主張である。ここでの一つの難題は「聖なるもの」と、その対立概念である「俗なるもの」の規定がなかなか難しいことである。それについてデュルケームは、こう言う。宗教は世界を、「聖」と「俗」の二つの領域に分割する。しかし遺憾ながら、そこでは「聖なるもの」の何であるかは判然としない。結局のところ「聖なるもの」は、信仰者によって「聖なるもの」と規定されるがゆえに「聖なるもの」であるにすぎない。まさしく非信仰者にとっては何の変哲もない木や石や水や森や山が、「聖なるもの」と信奉されるのが宗教である。そこには宗教が、一つの自己言及的な（self-referential）システムであることが鮮明に映し出されている。

## 知性の限界

宗教を「超自然的・超人間的な存在に対する信仰」（あるいは「聖なるものへの信仰」）と定義するとして、次に問題になるのは「信仰」とは何かということである。率直に言ってさきの宗教の定義は、はなはだ素っ気ないものである。というのもそこでは、「超自然的・超人間的な存在」が信仰される理由が何一つ示されていないからである。「超自然的・超人間的な存在」はそれ自体、科学的な考察の対象となりうる。しかしそれが、人々の「信仰」の対象になることは社会学的な考察の対象とならない。いったい人々は、なぜ「超自然的・超人間的な存在」を信仰するのか。ある意味ではそれは、宗教社会学のA《アルファ》にしてΩ《オメガ》である。したがってそれは、そもそも本書の全体を通して考察すべき課題である。しかしそれについて、早い段階で一定の仮説を提示することも本書の著者の責務であろう。わたしはここで、以下のような仮説を提示する。宗教の根源にあるのは、人間の知性の限界である。

すなわち人間は、恒常的に知性の限界に突き当たっている。それゆえに世界は、人間にとって不確実性（あるいは不可知性や不可測性）に満ちたものになる。この不確実性こそが人間を宗教に結びつける、というのが本書の仮説なのである。このような関心からすれば宗教は、次のように規定できる。人間にとって宗教は、知性の限界を乗り越えるための代替的な（alternative）システムである。それによって人間は、不確実なことを「確実なこと」として納得しうる。明らかにそこには、論理の飛躍がある。それでも人々が宗教的な説明に納得しうるとすれば、それはなぜか。もちろんそれは、そこに「信仰」が介在しているからである。おそらく無神論の歴史は、宗教の歴史と同程度に古い。生物学者のR・ドーキンスは『神は妄想である』のなかで、「神」の観念を一つの妄想（delusion）として切り捨てている。わたしたちにとってそれは、現代の自然科学者による無神論の最新版にあたる。

ドーキンスはそこで、学問的に語りうることの限界をはっきりと示している。それはここで、人間の「知性の限界」と呼ぶものに対応している。もちろんドーキンス自身は、その限界を一歩たりとも踏み越えようとはしない。しかし人々は、それを踏み越えることにさほどためらいを感じないかもしれない。それでは人々が、宗教的言説に期待することはいったい何か。端的に言えばそれは、「どう生きるべきか」についての指針の提供であろう。ここで事例研究として、一つの宗教的光景《シーン》を提示させていただく。奈良の長谷寺《はせ》はいまでもそうアクセスのよくない、奈良県中部の山間部の谷間《たにあい》に位置している。本堂は山の中腹に建っており、そこから前方に舞台が迫り出している。この本堂に辿り着くには、山麓から長い登廊《のぼりろう》を上って行かなければならない。わたしは幼いときに、親に連れられて一度ここに来ている。この登廊を上るのに「しんどい」思いをしたことが、かすかに記憶に残っている。

ここは古来、観音霊場としてつとに知られている（平安時代には多くの貴族が、京都からここに参詣や参籠に訪れた）。現在の本尊像は一木《いちぼく》造りの巨大な十一面観音菩薩立像（一六世紀の造立）で、いまもって多くの善男善女の崇敬を集めている。数年前の晩夏のある日わたしは、何十年かぶりにここを訪れた。長い登廊を本堂まで上がっていくのには、相変わらず「しんどい」思いをした。本堂の内部に鎮座する本尊の姿に、わたしはわたしなりに心を動かされずにはいられなかった。と同時にわたしの心を打ったのは、「お百度」を踏む人々の姿であった。すなわちかれらは、蟬しぐれのなか本堂の周囲を一周するごとに正面の本尊に向かって手を合わせ、何かを祈願するという所作を繰り返していた。いったいかれらは、何を本尊に祈願していたのであろうか。わたしが社会学者の職業倫理に忠実であれば、「お百度」を終えた信者を呼び止めて、話を聞くということもありえたかもしれない。

しかしわたしに、そのような無作法なことができるはずもなかった。おそらくかれらのなかには、身内の病気の平癒を祈願する人々もいたに違いない。そのことを祈願したからといって、病気の平癒が実現するとは限らない。それでもかれらが祈願するのは、どう病気と向き合うかがそこでの中心的な主題であるからである。かつてアメリカの社会学者W・I・トマスは、「人々がリアルと思ったことが、結果としてリアルになりがちである」と説いた。これは社会事象において、当事者による状況の定義が大いに物を言うことを指摘したものである。観音菩薩に病気の平癒を祈願することは、医学的にはほとんど無意味である（患者当人が「病気は治る」と思うことが、医学的に一定の効果をもつとする議論もある)。しかしそこでは、祈願行為を通じて新しい状況の定義が試みられていると見ることもできる。具体的にはそれは、「病気は治る」と信じ、日々を懸命に生きることにほかならない。

## 儀礼のシステム

「宗教」の何であるかを問題にする場合に、①神々と信者の「結びつき」に重点をおく場合と、②信者同士の「結びつき」に関心をおく場合の二つがありうる(①が心理学的アプローチであるとすれば、②は社会学的アプローチである)。①の場合には「信仰」が、②の場合には「教団」が、それぞれ中心的な主題となる。『永遠回帰の神話』のなかでルーマニア出身の宗教学者M・エリアーデは、神話的な祖型を反復することに宗教的な行為の本質を見いだしている。エリアーデの言う神話的な祖型とは、神話のなかで提示される原初的な行為をさす。すなわち神々や英雄が、原初において行った創造的な行為がそれである。そのような原初的・創造的な行為は儀礼化され、人々によって反復される。そこでは人々の生は、周期的・循環的な――エリアーデの用語では「永遠回帰的な(eternally recursive)」――性格を帯びる。そこにまさに、宗教的なものの存在理由があるとエリアーデは説く。

少しでも宗教にコミットした経験のある者であれば、宗教が儀礼のシステムであることを知っている。たとえば婚礼や葬礼は、いまでも宗教的な形態をとることが通例である。参列者にとってそれらの儀礼は、一連の規則的・形式的な所作を観察したり、履行したりすることと同義である。おそらくそこでの所作の一つ一つには、象徴的な意味が込められているのであろう。しかし参列者の大半は、その意味を必ずしもすべて理解しているわけではない。それがまさに、多くの人々にとっての宗教である。一時的に婚礼や葬礼に参列することが、「宗教にコミットした経験」にあたるか否かは分からない。わたしは数年間、カトリックの教会に定期的に通った経験をもっている。その乏しい経験から言えば宗教は、年間を通じて一つの儀礼に参画する過程である。と同時にそこでの年間の儀礼は、毎日ないしは毎回の祭儀から構成されている。その祭儀のことをカトリックでは、ミサと呼んでいる。

日本語のミサは本来、ラテン語の missa に由来している。さらにまた missa は、「派遣」や「発送」を意味する言葉であるという。なぜカトリックの祭儀は、ミサと呼ばれるのか。(ラテン語でミサが行われる場合) ミサの最後に助祭は、会衆にこう呼びかける。「イテ・ミサ・エスト (Ite, missa est)」。ここから祭儀を、「ミサ」と呼び慣わすようになったというのが最も一般的な説明である。さきの閉祭のあいさつは元々、「行け。(いけにえは天主に) 送られた」という意味の言葉であるらしい。したがって「(いけにえとして天主に) 送られた」のは何か、が問われてよい。おそらくそれは、イエス・キリストのことをさしているのであろうと思う。もしそれが真実ならば、ミサのなかでは結構血生臭いやりとりがなされていることになる。ミサの中核的な部分をなす儀礼に、聖体拝領がある。その儀礼のなかで信者一同は、聖別された (「聖なるもの」と定められた) パンとぶどう酒に与《あずか》る。

ちなみにそれは、福音書のなかの「主の晩餐」（「最後の晩餐」）の記述に由来する。その席上イエスが、パンを「自分の体である」と言い、ぶどう酒を「自分の血である」と言ったというのがそれである。カトリックの信者たちはミサを通じて、この「主の晩餐」を再現していることになる。「主の晩餐」で食卓を囲んでいたのは、イエスとかれの一二人の弟子たちであった。イエスはそこで、弟子たちの自分に対する裏切りを予告する。にもかかわらずかれらが、原初的な教団をかたちづくっていたことは間違いない。そしてカトリックの信者たちは、いまもなお――「教会」という名の――教団に属している（カトリック教会ではイエスの弟子の一人＝ペテロを、初代ローマ教皇と仰いでいる）。教会においてミサの果たしている役割は、その中枢を占める聖体拝領の果たしている役割と対応している。一言で言えばそれは、信者たちの社会的＝宗教的な一体性を確保することにほかならない。

『宗教生活の基本形態』でデュルケームは、宗教が集団を統合する機能をもつことを強調している。かれによれば教団とは、共通の信仰と儀礼のシステムをもつ集団である。そして「教団のない宗教はない」と、かれは断じている（かれは宗教と呪術を分かつ一線を、この教団の有無に求めている）。それは社会学的に宗教にアプローチしようとする者にとって、いまもって重要な道標となる。

ここまでの議論をまとめて言えば宗教とは、本書において次のようなものである。一般に宗教とは、超自然的・超人間的な存在に対する信仰である（より広義にそれを、「聖なるもの」への信仰と見ることもできる）。社会学的に見れば宗教は、一つの信仰と儀礼のシステムである。人々の生活のなかで宗教は、二つの重要な機能を果たしている。一つは不確実性に満ちた世界のなかで、人々に生の指針を提示することである。いま一つは教団の活動を通じて、人々を社会的・集団的に統合することである。

## 神なき時代

オーストリア生まれのアメリカの社会学者P・L・バーガーは『聖なる天蓋』で、現象学的社会学の立場から「人間にとって宗教とは何であるのか」を問うている。さしあたり現象学的社会学とは、現象学を社会学に応用しようとする方法的立場を言う。しかしここで、衒学的《ペダンティック》な議論を展開してもしかたがない。バーガーによればそれは、社会を一つの意味的世界――人々の構築する意味の連関――としてとらえようとすることに特徴をもつ。その際宗教は、人々の意味的世界の中枢を占めるものと理解されている。バーガーはそこで、もう一つの方法的立場を打ち出している。すなわち社会は、AとBの対話的な（dialectic）関係として把握できるというのがそれである。これらの二つの方法的立場が結びつくことで生まれたのが、かれの有名なノモス／カオス／コスモスの理論である。すなわち人間の意味的世界は、ノモス／カオス／コスモスの対話的な関係として把握できるとバーガーは説く。

バーガーはそこで、まずノモスから説き起こす。元々nomosは、「規範」を意味するギリシア語に由来する言葉である。バーガーはそれを、社会の規範的秩序をさす言葉として用いている。ある文章が文法に適っているならば、文法の存在には気づきにくい。それと同じく社会が安定的に機能しているならば、ノモスの存在は認識しづらい。ノモスの存在がはっきりと認識されるのは、それが不安定化する場合である。たとえば貧困が拡大したり、犯罪が横行したり、道徳が弛緩したりする場合が、それである。デュルケームがアノミー（無秩序状態）という用語で問題化したのは、そのような状態である（なお英語の接尾辞の -nomy は、nomos と同根である。anomy は文字通り、nomos のない状態を表している）。バーガーによればノモスは、恒常的にアノミー化の危機にさらされている。このアノミー化の原因にして規範的秩序が失われた状態のことを、バーガーはカオス（混沌）と呼んでいる。

したがって社会は、ノモスとカオスの間の果てしない闘争の過程であるというのがそこでの基本的な図式である。しかしここで、第三のカテゴリーとしてコスモスが登場する。端的に言えばそれは、宗教的世界をさす。バーガーによればノモスが「俗なる世界」であるのに対して、コスモスは「聖なる世界」である。そしてコスモスは、ノモスを神聖化し、正当化する機能を果たすというのがバーガーの見解である。その意味では（ノモスの背後にはコスモスがあり）実際に果てしない闘争を繰り広げてきたのは、コスモスとカオスであると見ることもできる。歴史を遡ればコスモスとノモスは、ほとんど一体のものであった。エリアーデは「天地創造のわざ（act of Creation）」を、カオスからコスモスを創出する活動ととらえている。そこでは意味的世界の対立の主軸は、コスモスとカオスの間におかれている。ノモスは第三のカテゴリーとして、コスモスから分離し、派生したものにすぎない。

もしそうであれば、ノモス→カオス→コスモスの順ではなくカオス→コスモス→ノモスの順に議論を展開するほうがより適切かもしれない。しかし人間の意味的世界を、ノモス／カオス／コスモスの三つの領域に区分したのはバーガーの業績である。そしてまた今日の人々にとって最も近しいのが、ノモスであることも事実である。今日の人々の生活空間を図式的に思い描くならばノモスは、日常的な世界に対応する。「俗なる世界」としての日常的な世界は、不安定化の危機に常時さらされている。この危機を避けるために人々は、「聖なる世界」としての非日常的な世界にコミットしようとする。何もそれは、定期的に礼拝を行ったり寺社を訪ねたりすることだけをさすのではない。いわゆるリクリエーション全般が、それと同等の機能を果たしている。元々 holiday は、「聖なる日（holy day）」という意味の言葉である。そしてまた recreation は、「再び創造する」という意味の言葉である。

ノモスはそこで、コスモスの力を借りて自らを再生産するのである。もっともそれは、「聖なる世界」にそれだけの影響力がある場合の話である。「聖なる世界」は今日、「俗なる世界」に対する影響力を失いつつある。たとえば holiday は、vacation（「休暇」）に姿を変えつつある。あるいはまた recreation は、leisure（「余暇」）に取って代わられつつある。いまではノモスは、コスモスによる神聖化や正当化をいささかも必要としていないかのように映る。わたしはここで、それについて特段の価値判断を行うつもりはない。「神なき時代」の生の現在を公正に分析することこそが、宗教社会学の任務である。その際本書は、基本的に次のような視座に立っている。たしかにノモスのコスモスからの解放によって、人々は自由を得たかもしれない。しかしそれは、生の恒常的な不安をももたらした。わたしたちの生は今日、このような自由と不安のアンビヴァレンスにたえずさらされている。

## 祭りのコミュニティ

日本社会学ではバーガーのノモス／カオス／コスモスを、日本語のケ／ケガレ／ハレに置き換えることが提言されている。ただしこれは、すべて日本民俗学の知見に依拠するものである。日本民俗学によれば伝統的な日本人の生活空間においては、ハレとケが基本的な対立軸をかたちづくっている。その際ハレ（晴れ）が「聖なる世界」を表すのに対して、ケ（褻）は「俗なる世界」を表している。あるいはまた後者が日常的な空間であるのに対して、前者は非日常的な空間であると言ってもよい。「晴れ着」や「晴れの舞台」といった言葉が、このような意味的世界の区分に基づくことは断るまでもない。近年の民俗学の研究ではこれに、第三項としてケガレを加えることが流行している。たとえばケガレは「気が枯れた」状態であるとか「穢《けが》れた」状態であるといった解釈が、そこでは提示されている。いずれにしてもケガレは、生命力の枯渇あるいは死と結びつく概念ということなのであろう。

日本においてハレの世界の中枢に位置するのは、「祭り」の空間であろう。日本民俗学の泰斗《たいと》柳田國男の著した『日本の祭』は、「祭り」について考えようとする者にいまでも多くの示唆を与えてくれる。『日本の祭』は柳田が、昭和一六（一九四二）年に東京帝国大学全学教養部で行った講義が元になっている。序文で柳田が記すところによれば、その聴衆のなかには理系の学生も多数含まれていたとのことである。巻頭の「学生生活と祭」という講義で柳田は、こう述べている。「なまじ本式の大学教育を受けたがために、家の代々の土地とは絶縁してしまい、どこに落ち着きを求めるともなく、浮き世の波の底に埋もれてしまう人が、近世にはかなり目につくようになっている」。要するに大学に進学して学問を修得することで、かえって「祭り」と疎遠になる可能性もあるというのである。それはまさに、その聴衆である学生たちにとって頂門の一針（厳しい戒め）となるべきものであった。

『日本の祭』で柳田は、日本人の固有の信仰――柳田の言う「国民信仰」――が明確な教義や教団を欠いていることを指摘する。かれはこう言う。「その教えはもっぱら行為と感覚とをもって伝達せらるべきもので、……年に何度かの祭に参加した者だけが、次々にその体験を新たにすべきものであった」。（キリスト教や仏教やイスラームなどの）一般的な宗教からすればそれは、ほとんど宗教の名に値しないものであろう。しかしそれを、安易に宗教のカテゴリーから排除すべきではない。アメリカの文化人類学者C・ギアーツは「場所に固有の技法（crafts of place）」という意味で、ローカル・ノレッジという概念を提示している。ローカル・ノレッジはそれ自体、一つの経験的な知識にあたる。人々が集まればそこに、自ずと「祭り」が生まれる。そしてそれは、人々の間で連綿と受け継がれていく。わたしたちはそこに、ローカル・ノレッジとしての「祭り」の姿を見いだすことができる。

『日本の祭』で柳田は、「祭り」から「祭礼」への移行の過程についても書いている。その移行の本質は「見物と称する群の発生、すなわち祭の参加者の中に、信仰を共にせざる人々、言わばただ審美的の立場から、この行事を観望する者の現れたこと」にある、と柳田は書いている。すなわち「祭り」(狭義の「祭り」)は、小規模にして、実行者のためのものである。これに対して「祭礼」は、大規模にして、参観者のためのものである。端的に言えば「祭り」が行うものであるのに対して「祭礼」は見るものである、というのがそこでの柳田の区分である。社会学的には「祭り」は、地域のコミュニティを基盤としてきた。言い換えればそれは、人々のコミュニティ的な結合の中核をなしていた。これに対して「祭礼」は、社会の広域化の産物である。そこにはもはや、固有の意味でのコミュニティ的な結合はない。しかしまたそれが、別個の社会的結合の中核をなしていることも事実である。

ポーランド生まれのイギリスの社会学者Z・バウマンは『コミュニティ』で、わたしたちの生の現在を冷徹に描き出している。わたしたちは今日、グローバル化と個人化がたゆみなく進行する世界のなかを生きている。そこではコミュニティは、もはや「用済み」のものと見なされている。いまや人々は、自らの生の指針を自ら見つけ出さなければならない。簡単に言えばそれが、バウマンの描く生の現在である。一見そこには、宗教の介在しうる余地は少しもないように映る。しかしそれは、必ずしもそうではない。同時にバウマンは、「祭りのコミュニティ《カーニヴァル》」が人々を引きつける状況についても書く。「祭りのコミュニティ」とはそこで、一時的・暫定的な結合による各種のコミユニティをさす。そのようなコミュニティは今日、人々にとってますます切実なものになりつつあるかもしれない。グローバル化と個人化の時代においても「祭り」は、その生命力をしぶとく保ち続けているのである。

日本語の「神（カミ）」という言葉の語源ははっきりしない、というのが一つの定説である。その上で「神」を、「黴（カビ）」と結びつける見解には少々心を引かれる。語源学的にそれに、どれほどの根拠があるのかは知らない。しかし古代の人々が、「黴」の発生に霊力（spiritual power）を感じたであろうことは想像に難くない。語源学的には「黴」は、「醸す（カモス）」という言葉ともつながりがあるらしい。おそらく古代の人々は、酒が「醸される」過程にも神秘的なものを感じたであろう。本居宣長は『古事記伝』で、「何にまれ、尋常《ヨノツネ》ならずすぐれたる徳《コト》のありて、可畏《カシコ》き物を迦微《カミ》とは云なり」と書いた。この「神」の定義には案外、宗教学的・人類学的な普遍性があるかもしれない。――人々は古来、宗教的な信仰を通じて自らの生の指針を定めてきた。その意味で信仰は、宗教社会学の第一義的な主題の一つである。わたしたちは次に、信仰について考えてみることにしよう。

# 2章

# 信仰

## 生を自覚的に生きる

# 修羅道

宮沢賢治のいくつかの童話が読者の心を強く打つのは、命あるものの死がそこでの直接的な題材となっているからではないかと思う。『よだかの星』の主人公であるよだかは、その容姿を他の鳥たちから馬鹿にされている。やがてかれは、自らも食物連鎖の網に組み込まれていることを自覚する。そのことを「つらい」と思ったよだかは、遠い世界に行こうと決意する。よだかが自らの死を通じて、天上の星になるというのが物語の結末である。『銀河鉄道の夜』の主人公である少年ジョバンニは、貧しく孤独な境遇におかれている。ジョバンニにとって唯一心の通い合う友人は、カンパネルラである。銀河祭りの夜にジョバンニは、丘の上の草原で眠りに落ちる。かれは夢のなかで、カンパネルラとともに鉄道に乗って銀河の星々を経めぐる。ジョバンニが眠っている間に、実際のカンパネルラは不慮の死を遂げている。夢から醒めたジョバンニが、その出来事を知るというのが物語の結末である。

二つの作品に共通するのは、作者のイマジネーションによって他界（死後の世界）が表現されていることである。それと同一の構造は、『ひかりの素足』という作品にも認められる。二人の兄弟が雪山で遭難し、最終的に兄は救出され、弟は遺体で発見される。その間に（兄の夢のなかで）二人が、他界をさまようというのが作品の構成である。賢治の晩年の作品『グスコーブドリの伝記』では、それとは異なるかたちで死が表現されている。主人公のブドリは最初、父母や妹とともに森のなかで暮らしている。しかし凶作による飢饉のために、一家は離散状態になる。ブドリはいくつかの仕事に従事したのちに、火山局に勤務することになる。ある年ブドリたちが暮らす地域が、またしても凶作の危機に見舞われる。火山局では人工的に火山を爆発させ、二酸化炭素で大気を温暖化するという計画を立案する。その計画の実施のためにブドリが、自らの命を犠牲にするというのが物語の結末である。

それはまさに、殉教や殉死に比すべき行動と言わねばならない。あるいはまたそこから、仏教で言う「捨身《しゃしん》」を連想することも可能であろう。「捨身」とは仏教で、仏道の修行や衆生《しゅじょう》（生きとし生けるもの）の救済のために自分の身を投げ出すことを言う。『ひかりの素足』には兄弟が、お題目を唱えることで仏に救われる場面がある。賢治の作品が仏教的な世界観の上に成り立っていることは、多くの賢治研究者が指摘するところである。賢治の実家は岩手県花巻町（現花巻市）の富裕な商家で、宗旨は浄土真宗であった。賢治の父も浄土真宗の篤信者で、朝晩の勤行《ごんぎょう》に親しむなかで賢治は生まれ育った。賢治は一八歳のときに法華経に出会い、その熱烈な信者となる。そして信仰上の問題で父と衝突するうちに、家出も同然で上京する。その際日蓮宗系の在家仏教団体・国柱会の幹部から「法華文学」の創作を勧められたことが、かれが本格的に創作活動を始める一つの機縁になったと言われる。

賢治は印刷所で筆耕の仕事をするかたわら、猛然と童話を創作した。したがって賢治の作品のなかに、仏教的な世界観がうかがわれたとしても何ら不思議はない。さて賢治の創作に大きな影響を与えたのではないかと言われる伝記事項が、もう一つある。かれが二六歳のときに、最大の理解者であった妹トシを亡くしたことがそれである。その出来事に賢治が大きな衝撃を受けたことは、いくつかの詩にはっきりと示されている。おそらく『銀河鉄道の夜』や『ひかりの素足』にも、そのときの喪失体験が映し出されているのであろう。しかし賢治の作品世界とかれの伝記事項をそのまま結びつけることには、できるだけ慎重でなければならない。言うまでもなく賢治の作品世界は、かれの想像の世界である。わざわざそれを現実の世界と結びつけることは、かれの作品を冒瀆する行為ともなりかねない。『銀河鉄道の夜』は文字通り、主人公が銀河世界を旅する物語でなければならないのである。

その上で賢治の作品世界において、他界がさまざまなかたちで表現されているのは示唆に富む。それはまさに、賢治が宗教的な志向をもつ表現者であったことを示している。その際注目すべきことは、賢治が狂信的な信仰者ではなかったということである。『銀河鉄道の夜』や『ひかりの素足』がイマジネーションとリアリティの落差の上に成り立っていることは、その一つの証左である。賢治は『春と修羅』という詩のなかでこう説く。「まことのことばはうしなはれ／雲はちぎれてそらをとぶ／ああかがやきの四月の底を／歯ぎしり燃えてゆききする／おれはひとりの修羅なのだ」。かれはそこで、自らを「修羅（つねに戦場にある者）」に喩えている。賢治は創作活動のみならず、より実践的な活動（農業指導や芸術運動など）にも従事した。宗教社会学的に見ればそこでは、信仰と生活がほとんど一体化している。そのような生を自覚的に生きることこそが、かれにとっての修羅道であった。

## 二度生まれ

アメリカの哲学者W・ジェイムズは『宗教的経験の諸相』のなかで、人間の宗教的経験を二つに大別している。一つは宗教的な感情や衝動であり、いま一つは宗教的な習慣や儀礼である、とかれは説く。前者は宗教の心理的・精神的な側面であり、後者は社会的・制度的な側面である、と言い換えてもよい。このうちジェイムズは、前者の心理的・精神的な側面にそこでの主題をおいている。かれが元々心理学者であり、心理学的な志向をもつ哲学者である限り、これはそう奇妙な選択ではない。「宗教社会学」を謳う本書においては、精神的なものと同時に制度的なものもまた重要である。のみならず社会学的には、人間の精神的なものは制度的なものの影響下にあると解釈しうる。しかし宗教の心理的・精神的側面を無視してよい、というのが本書の立場ではない。本章では宗教の心理的・精神的側面に関心をおき、次章では制度的・社会的側面に関心をおくというのが、本書の建て付けである。

『宗教的経験の諸相』は元々、ジェイムズがイギリスの大学で行った講義に基づく著作である。その巻頭近くでジェイムズは、宗教をこう定義する。「宗教とは、個々の人間の、孤独な状態における感情・行為・経験であり、その場合、かれらとかれらが『神』と見なすものの間に何らかの関係のあることが想定されている」。そこでは宗教は、あくまでも個人的・精神的なものとして理解されている。その上でジェイムズは、精神的危機から人間を救い出すことに宗教の役割を見いだしている。宗教的人間の経験する精神の状態について、かれはこう説く。「そこでは、自らを主張し、自分の立場を守り通そうとする意思が、自ら進んで口を閉ざし、神の引き起こす洪水や竜巻のなかに己を空しくして身を投じる覚悟に取って代わられている。そこではまた、わたしたちの最も恐れていた場所が安住の地となり、望みのない虚しい日々が生まれ変わりの日（spiritual birthday）に姿を変えている」。

このような宗教観をジェイムズがもつにいたったことには、かれ自身の体験も大いに与って力があったと言われる。すなわちそれは、かれが若い時代に体験した精神的危機のことをさす（当時の精神医学の用語を使えばかれは、「神経衰弱（neurasthenia）」に起因するうつ症状に苦しんだらしい）。その危機からジェイムズを救い出すのに特定の宗教や宗派が大きな役割を果たした、というほど話は単純ではない。しかしかれは、かれなりに自らの精神的危機を克服した。わたしたちはそこから、宮沢賢治の作品世界を連想しないわけにはいかない。賢治の世界観が仏教を基盤としているのに対して、ジェイムズの世界観がキリスト教を基盤としているという違いはあるにしても、賢治の用語を借りればジェイムズもまた、一人の「修羅」であったということになろう。その上で賢治の場合と同じく、ジェイムズの作品世界をかれの伝記事項とそのまま結びつけることにも慎重でなければならない。

つまりはジェイムズの作品世界は、その内的な論理展開のうちに解釈されなければならない。ジェイムズの宗教観を特徴づける用語として、「二度生まれ（twice-born）」がある。それは「一度生まれ（once-born）」と対置される概念で、信仰を通じて生まれ変わった状態をさす。ジェイムズによれば「一度生まれ」が「神」を無自覚的・非反省的に信仰している状況であるのに対して、「二度生まれ」は「神」を自覚的・反省的に信仰している状況である。その際「二度生まれ」の者にとって、世界は信仰の前後でまったく異なる様相を呈している。すなわち「二度生まれ」の者にとって、信仰前の世界は憂鬱や猜疑や不安や戦慄や恐怖に満ちている。これに対して信仰後の世界は、歓喜や信頼や安心や勇気や希望に満ちている。ジェイムズの用語を借りれば「一度生まれ」の者は、当初から「健全な心」をもっている。これに対して「二度生まれ」の者は、当初は「病んだ魂」に苦しんでいる。

しかし信仰を通じて、この「病んだ魂」を乗り越えていく。ジェイムズはそこに、宗教の存在理由を見いだしている。すなわち信仰と不信仰の対話的な関係にこそ、宗教的経験の本質はあるというのである。一方には生まれながらに、特定の宗教を信仰している人々がいる。もう一方には一定の年齢に達してから、特定の宗教に入信（改宗を含む）した人々がいる。前者がジェイムズの言う「一度生まれ」の者であり、後者が「二度生まれ」の者であることは、いま改めて断るまでもない。興味深いのはジェイムズが、主要な宗教の開祖や宗派の教祖も「神」との霊的な交わりを経験しているると説いていることである。いやかれらこそが、本家本元の「二度生まれ」の者と言うべきなのであろうと思う。実際には宗教や宗派に入信することは、その開祖や教祖の信仰のパターンを模倣する一面をもっている。一回的な出来事としての「二度生まれ」が繰り返し再現される、という逆説がここにはある。

## 生の技法

ジェイムズの「二度生まれ」とほとんど同義の用語に、「回心」がある。それはキリスト教の文脈で、自覚的・反省的にキリスト教に入信する（とりわけ改宗する）ことをさす。conversion の訳語としての「回心（かいしん）」は、仏教用語の「回心（えしん）」を流用したものと言われる。「回心（えしん）」もまた仏教的な文脈で、自覚的・反省的な入信を意味することは同じである。したがって教条的な立場をとるのでなければ、この訳語が不適切というわけでもない。キリスト教の文脈で「回心」した人物としては、使徒パウロと教父アウグスティヌスが著名である。パウロ（ユダヤ名はサウロ）は初期キリスト教の伝道者で、その活動は新約聖書にも詳細に記録されている。アウグスティヌスは古代キリスト教の神学者・伝道者で、『告白』や『神の国』の著者としても知られる。二人は元々、ともにキリスト教徒ではなかった。かれらの「回心」の経緯は大略、以下のようなものである。

サウロは小アジアのタッソス生まれのユダヤ人で、当初は厳格なユダヤ教徒としてキリスト教を迫害していた。ある日サウロは、天上からのイエスの呼びかけの声を聞く。「サウロ、サウロ、なぜ、わたしを迫害するのか」。サウロは地に倒れ、目が見えなくなった、と『使徒言行録』は伝える。三日後イエスの弟子がサウロのもとを訪ね（イエスが遣《つか》わしたことになっている）、サウロの上に手をおくと、目から鱗のようなものが落ちて、目が見えるようになった。アウグスティヌスは北アフリカのタガステに生まれ、カルタゴで修辞学を学んだ。その時代にかれは、奴隷の女性との間に私生児を儲《もう》けている。『告白』でアウグスティヌスは、当時のことをこう回想する。「わたしは、若い時期、下劣な欲望を満たそうと燃え上がり、後ろ暗い情事のうちに自ら荒《すさ》んでいった」。その後かれは、マニ教、新プラトン主義の哲学などの宗教・思想遍歴を経て、三二歳のときにキリスト教に入信した。

明らかにパウロとアウグスティヌスでは、「回心」の経路が異なっている。『宗教的経験の諸相』でジェイムズは、青年期に特有の心理的・精神的現象として「回心」をとらえている。その根源をジェイムズは、青年期がルソーの言う「第二の誕生」期であることに求めている。しかし一口に「回心」といっても、その経路はまさしく百人百様である。本書では宗教を、一つの自己言及的なシステムとしてとらえようとしている。もし宗教が自己言及的なシステムであるならば、「回心」もまたそれと同等の経験であるはずである。すなわち回心者は、自ら「神」と遭遇し、「神」に帰順するのである。カントは『実践理性批判』において、「神」は思弁的な理性のための概念ではなく、実践的な理性のための概念であると主張する。カントはそこで、こう説く。「神」は元々、人間が道徳的な基準（最高善の根拠）として措定したものである。したがってそれは、経験的な探究の対象にはならない。

要するに人間は、あたかも「神」がいるかのように（as if God exists）行動しているというのである。いまでもそれは、「信仰とは何か」について重要な示唆を与えてくれる。わたしたちにとって信仰は、自己言及的な行為である。それはまさに、自らと自らの信仰対象を結びつける行為である。あるいはまたそれは、生の技法（art of life）――自らの生を方向づける技術――の一部である。そのことを別途、内村鑑三の『余はいかにしてキリスト信徒となりしか』を通して確認しよう。内村は明治前期、札幌農学校在学時にキリスト教に入信した。ただしそれは、「回心」と呼びうるものではけっしてなかった。教頭クラークの思想的影響下で当時、札幌農学校の学生の大半がキリスト教に入信していた。自らの入信が「強制されたもの」であったことを、内村自身がはっきりと記している。それでもかれが、仲間たちと独立教会（既存の教派から独立した教会）の建設に奔走する件は興味深い。

そこには「神」の名の下に、生の自己決定権を主張する内村の姿勢が見て取れる。農学校を卒業後内村は、生の苦境に直面する。具体的にはそれは、職業が定まらなかったり家庭が治まらなかったりしたことをさす。その苦境を打開するために内村は、単身渡米する。しかしかれの滞米生活もまた、苦境の連続であった。最初内村は、知的障碍児施設で看護人の仕事をする。その後大学で学ぶうちに内村は、かれ自身の言う「回心」を経験する。残念ながらそこでの「回心」の何であったかは、わたしのような不信心者にはけっして理解できないものである。結局のところそれは、一つの自己言及的な過程――自分が「キリスト信徒」であることを、内村自身が自覚的に引き受ける過程——であったとしか言いようがない。帰国後内村は、「無教会キリスト教」の立場を標榜する。自分の「神」を信奉し、自分の「神」に帰順することこそが、内村が異国の地で見いだした生の指針であったのである。

## ロビンソン・クルーソー

内村の年譜のなかで目を引くのは、かれが頻繁に職業や職場を変えていることである。内村は生涯を通じて、キリスト教の伝道者にして思想家であった。その一方でかれは、数々の職業を遍歴している。たとえば官吏、教員、記者などが、それにあたる。のみならず教員としても、勤務先を次々に変えている。一般的に見れば内村の職業生活は、すこぶる安定性を欠いているように映る。あるいはまたかれは、職業人として不適格であったとまで言いたくもなる。しかし社会学的には、かれの職業観の内在的な理解に努める必要があろう。『聖書之研究』に寄稿した文章のなかで、かれはこう説く。聖職は本来、職業として従事すべきものではない。世俗の職業に従事する者こそが、よき伝道者たりうる。そこには「無教会キリスト教徒」としての、かれの職業観が明快に示されている。と同時に内村が、理想的な職業生活を実際に送ることには多大な困難があったであろうことが容易に想像できる。

宗教が人々の日常生活にいかなる影響を及ぼすかは、宗教社会学の重要な主題の一つである。それに関する題材として定番と言えるのは、デフォーの『ロビンソン・クルーソー』である。物語は最初、一七世紀中葉のイギリスを舞台としている。当時イギリスは、オランダと激しい植民地争奪戦を繰り広げていた。主人公のロビンソンはヨークに生まれ、二〇歳ごろ家出をして船乗りになる。かれの前にはまさに、「七つの海」が広がっていた。主人公は二度のギニア航海の末に、期せずしてブラジルに辿り着く。かれはそこで、農園経営に成功する。やがて主人公は、黒人労働力の調達のために再びギニア航海に乗り出す。主人公の乗り込んだ船が遭難し、最終的にカリブ海諸島の近辺で座礁する。そして主人公がただ一人無人島に漂着する（しかも偶然にも、船が沖合に漂着している）というのは、ご都合主義的な展開である。ともあれそれから、二八年間に及ぶ主人公の無人島生活が始まる。

ロビンソンの無人島生活が計画的にして実践的なものであったことは、しばしば指摘されるところである。すなわちかれは、生存の維持あるいは生活の改善のためにたゆみない努力を重ねている。マルクスは『資本論』のなかで、「経済学はロビンソン・クルーソーの生活を好んで取り上げる」と述べている。マルクスがそこで寓話的《アレゴリカル》に言いたいことは、ごく単純である。ロビンソンは一人ぼっちで生活している以上、支配的な――たとえば近代資本主義の下で、資本家と労働者が作り上げているような――人間関係とは無縁であることがそれである。もっともそこでは、①ロビンソンが合理的な経済人（Homo economicus）の原型であること、②合理的な経済人とプロテスタンティズムの間には親和性の認められることが的確に指摘されている。『ロビンソン・クルーソー』によればロビンソンは、元々信仰心の篤い人物ではなかった。かれが神と遭遇するのは、無人島生活に入ってからである。

最初かれは、神の意思についてアンビヴァレントな思いをもつ。すなわち「神はなぜ、このような悲惨な目に遭わせるのか」と思うとともに、「このように生き残ることができたのは、それはそれで神の恵みである」と思う。かれが本格的に神と対峙するようになるのは、島への漂着後一年目に病気をしてからである。すなわち病気に苦しむなかで、ロビンソンは自らの罪を認めて、神の赦しを求めるようになる。それはまさに、「回心」と言ってよいものである。病気から回復したかれが、いままでにも増して計画的にして実践的な生活を営むようになったことは断るまでもない。ウェーバーは「倫理」論文のなかで、ロビンソン・クルーソーを宗教的であると同時に経済的でもある人物としてとらえている。要するにロビンソンは、プロテスタンティズムに固有の職業倫理の体現者であるというのである。現に著者のデフォーが、熱心なプロテスタントであったことをウェーバーは注記している。

プロテスタンティズムの倫理と「資本主義の精神」の親和性に注目するウェーバーの立場からすれば、それは当然の主張である。しかしわたしたちは、いつまでもそこにとどまっているわけにはいかない。さきに見たようにロビンソンが神と遭遇したのは、無人島に漂着してからである。もちろんそこでのロビンソンの状況は、架空にして特異なものである。もっともそれは、近代人（現代人）一般がおかれた状況の寓意的な表現と見られなくもない。社会学的に見ればロビンソンは、グローバル化と個人化の時代の黎明期を生きていた。わたしたちもまた今日、ロビンソンと同じく自らの生を設計したり創造したり管理したりしなければならない。ロビンソン・クルーソーの物語は今日、次のような問いをわたしたちに投げかけている。いったいグローバル化と個人化の時代にあって、人々は何を生の指針としているのか。紛れもなくそれは、本書の全体を通して取り組むべき現実的な問いである。

## 「父」の代用品

『ロビンソン・クルーソー』の冒頭ロビンソンは、父親から忠告を受ける。父親はブレーメン出身のドイツ人で、商業で財をなしたという設定になっている。父親のロビンソンに対する忠告を見ていると、この父親こそが古典的なプロテスタントではないかという印象をもつ。すなわち父親は、息子に対して地元で堅実に暮らすようにと訓戒を垂れる。階級的にはかれの一家は、上層（貴族）と下層（庶民）の中間に位置していた。この中間の階級（middle class）にとどまることが最も幸福につながる、という確固たる信念を父親はもっていた。しかしロビンソンは、この父親の忠告に耳を貸さない。そして家出をして冒険的な航海に乗り出した挙げ句に、無人島に漂着することはさきに書いた通りである。興味深いのは無人島で神と対峙するとき、ロビンソンが父親とも再会していることである。すなわちロビンソンは、自分の過《あやま》ちを悔いるなかで父親の忠告に反したことを真っ先に悔いている。

そこでは神と父が、ほとんど重なり合っている。カトリックでは「神」を、「父」と呼び慣わしている（あるいはまた司祭も、「神父」と呼ばれている）。いや「神」を「父」に喩えることは、多くの宗教の常套手段である。いったいそこには、社会学的にいかなる意味合いがあるのか。フロイトは『トーテムとタブー』所収の第四論文で、なぜ「神」と「父」が結びつくのかについて一つの仮説を提示している。フロイトはそこで、原始的な宗教システムとしてのトーテミズム（トーテム動物に対する信仰）を分析している。そして精神分析の理論（とりわけエディプス・コンプレックスの理論）を援用して、トーテム動物は父親の代用品であると主張した。人々にとってトーテム動物は、敬愛すべき存在にして畏怖すべき存在でもある。この神的存在に対するアンビヴァレントな感情には男児の父親に対するアンビヴァレントな感情が投影されている、というのがそこでのフロイトの主張である。

もっともそこでのフロイトの分析は、トーテミズムに限定されている。後年フロイトは、『幻想の未来』を著した。そこでは『トーテムとタブー』の延長線上で、宗教一般について本格的な議論が展開されている。その冒頭フロイトは、文化と自然の対話的な関係について論じている。さしあたり文化とは、人為的に制御しうる事象をさす。これに対して自然とは、人為的に制御しえない事象をいう。人間は文化を通じて、自然の猛威と対峙する（たとえば医療を通して、ウィルスと対峙するのはそれにあたる）。もっとも人間にとって、人間そのものが簡単に制御できる存在ではない。かくして人間は、各種の文化（制度・規範・組織など）を通じて人間を制御しようとする。フロイトによれば宗教もまた、そのような人間を制御するための文化システムの一つである。それでは文化システムとしての宗教の特徴は、いったい何か。フロイトは宗教を、一つの幻想（illusion）としてとらえている。

幻想はそこで、錯誤（error）とは明確に区別されている。フロイトによれば錯誤は、現実と矛盾するものである。これに対して幻想は、人間の願望から生じる（したがって実現しないとも限らない）ものである。それでは宗教は、いかなる人間の願望から生じるものか。人間にとって生は、さまざまな苦難に満ちている。たとえば人間は、災害・疾病・貧困・失業・孤独などのリスクにたえずさらされている。そして最終的には、死の運命が人間を待ち構えている。このような「寄る辺ない（helpless）」状況を克服するために、人間は神を創造したり希求したりするというのがフロイトの主張である。その際かれは、「神」は「父」の代用品であるとの見解を改めて提示している。幼児が「父」に庇護を求めるのと同じく、人間は「神」に庇護を求めるというのである。「神」と「父」の類同性をめぐるフロイトの所説は、「信仰とは何か」をめぐる一つの透徹した見解としていまでも評価しうる。

もっともそこでのフロイトの所説が、男性的な視点に貫かれていることは否定しがたい。そして「神」を、「父」ではなく「母」と結びつけることはできないのかという疑問が当然生じる。実際「母」の神格化は、「父」の神格化と同じく幅広く見られる現象である。しかしだからといって、フロイトの所説が全否定されることもないのであろうと思う。かれの所説に性的な偏向《ジェンダー・バイアス》が認められるとすれば、その根源はかれの研究対象そのものにあると言わねばならない。すなわち今日的な視点からすれば、キリスト教そのものが性的な偏向に満ちているのである（いやそれは、ほとんどの宗教に大なり小なりあてはまることである）。その制約のなかでフロイトの所説は、人類史における系統発生的な出来事と幼児期における個体発生的な出来事の対応関係を指摘したものと解釈することができる。いまでも人々は、「寄る辺ない」状況において「神」を創造したり希求したりすることに変わりはない。

## 死と再生

日本の民俗宗教も原則的に、男性優位の立場から編成されてきたと言ってよい。その一例としてここでは、修験道の女人禁制を問題にしよう。修験道は日本古来の山岳宗教で、山岳での修行を信仰の中核においている。その門戸が多年女性に閉ざされてきたのが、ここで言う女人禁制である。修験道はいまでも、女性に完全に開放されているわけではない。たとえば大峯山（奈良県）の峰入り（修行のために山に入ること）が女人禁制を頑《かたく》なに守っているのは、その最たるものである。わたしたちはそこに、修験道の前時代性を見て取ることもできる。もっともそれをもって、ここでの議論を打ち切ることが妥当というわけでもない。たとえば大峯奥駈け（大峯山系を踏破する修行）は、今日では女性にも開放されている。女人禁制の区間の回避が必要であるにしても、現に山岳修行に挑む女性がいるのである。その際かの女たちが何を求めているのかは、女人禁制の問題とは一応別個の問題である。

一般に修行（training）は、宗教的な文脈における心身の訓練をさす。なぜ多くの宗教が、修行を信仰の中核においてきたのか。おそらくそれは、宗教が「聖なる世界」と関わりをもっているからであろう。すなわち「俗なる世界」から「聖なる世界」への跳躍の踏み台となるのが、各種の修行である。その意味では修行は、通過儀礼としてのイニシエーションと共通する一面をもつ。わたしたちは人生の節目（出生、入学、卒業、就職、結婚、退職、死亡など）ごとに、各種のイニシエーションを経験する。社会学的にはそれは、集団Aから集団Bに移行する過程に相当する。そのうち最も重要とされてきたイニシエーションは、成人儀礼である。それはまさに、子どもの集団から大人の集団に移行するための儀礼である。若者たちはそこで、大人になるための種々の試練に耐えなければならなかった。いまでも南太平洋の島で行われているナゴール（バンジージャンプの起源）は、その一例である。

これと同じく修行も、難行や苦行と結びつくことが多い。修験道の開祖とされているのは、飛鳥時代の呪術的宗教家・役行者《えんのぎょうじゃ》（役小角《えんのおづぬ》）である。役行者は修験者（修験道の行者）たちにとって、一つのロールモデルとなってきた。他の宗教の開祖たちがそうであるように役行者の生涯も、数々の伝説によって彩られている。たとえば役行者は、大空を飛んだり鬼神を操ったりする能力を習得している。しかし修験者たちは、そのような超人的な能力を習得したいわけではない。それではかれらを、山岳での修行に向かわせる原動力は何か。修験道は古来、「死と再生」という枠組みで理解されることが通例である。要するに修験者たちは、修行を通じて精神的な生まれ変わりを企図しているというのである。もちろん修験者たちが、修行の前後に何をしているかは各人各様である。しかし「死と再生」のシンボリズム（記号体系）がかれらの活動を貫いている、との言説はいまでも影響力を保っている。

たとえば人々が、いまでも霊山登拝や聖地巡礼――まさに「死と再生」を擬似的に体験する活動――を愛好しているらしいことは興味深い。志賀直哉の『暗夜行路』は男主人公が各地を遍歴するという意味で、折口信夫の言う貴種流離譚的な構成をとっている。小説は後半、京都を主要な舞台としている。主人公はそこで、妻を知り、平穏な生活を手に入れたかのように映る。しかし妻がある事件に遭遇したことで、かれは再び精神的な危機に陥る。その後主人公は、伯耆大山（鳥取県）に行く。大山は古来、修験道の霊山として知られている。主人公は体調が万全でないなか、夜中に山に登り、途中で動けなくなる。夜明け前の草原で主人公は、不思議な陶酔感を覚える。自分の精神や肉体が自然のなかに溶け込んでいく、といった感覚がそれである。作者はそこで、仮死状態に陥った主人公の姿を鮮やかに描き出している。どうにか山を下りた主人公が、宿坊で寝付く場面で小説は終わっている。

何も一昔前の（古典的な）小説だけが、ここでの題材であるわけではない。近年大ヒットしたアニメ映画に、新海誠監督の『君の名は。』がある。主人公は地方で暮らす女子高校生と東京で暮らす男子高校生であり、二人の心が入れ替わることが作品の重要な設定になっている。いったいなぜ、その非日常的な出来事が生じるのか。それに関する合理的な説明は、そこにはない。しかしそこでは、宗教的なものが大きな役割を果たしている。①女主人公の実家は山村の神社であり、その神体は山奥の巨岩であること、②かの女が口嚙《くちが》み酒（穀物を嚙んで作る酒）を、この神体に捧げること、③二人の主人公をつなぐのが、女主人公が組み上げた紐であることなど、がそれである。その口嚙み酒を男主人公が口にすることで、「死と再生」の物語が展開するというのが作品の構造である。そののみならず観客自身も、作品の鑑賞を通じて「死と再生」を実感するという二重の構造がそこにはあるのであろう。

わたしの周囲で「二度生まれ」の人々を思い浮かべると、その信仰の機縁が不幸な出来事である場合が多い。あえて冷徹に言えば絶望的な状況において、宗教がかれらの心をとらえたのである。フェリーニ監督の『道』でザンパノ（粗野で乱暴な大道芸人の男）は、ジェルソミーナ（男がはした金で買い取った妻と同然の女）を路上に放擲する。ザンパノが別の大道芸人の男を撲殺したことで、ジェルソミーナが精神に変調を来したからである。数年後ザンパノは、ある海辺の町でジェルソミーナが亡くなったことを知る。映画のラストシーンでザンパノは、夜の砂浜で慟哭の涙を流す。観客はそこに、かれの悔恨と絶望を見ないではいられない。はたして神は、かれに救いの手を差し伸べるのであろうか。――信仰とともに宗教社会学の根幹をなす主題に、教団がある。通常は教団が、人々の信仰の基盤をかたちづくっているからである。わたしたちは次に、教団について考えてみることにしよう。

# 3章

# 教団

## 敵対して、団結する

## 排除の論理

ホーソーンの『緋文字《ひもんじ》』は冒頭、語り手の「わたし」がアメリカ合衆国マサチューセッツ州セイラムの税関に主任行政官として勤務していた時代の回想から始まる。その職を「わたし」が得たのは、政治的な指名《ポリティカル・アポイントメント》による。のみならず三年目に、その職を失うのもそれと同じである。要するに「わたし」は、政治的な事情に翻弄されている。この「わたし」の境遇と『緋文字』の主人公であるヘスター・プリンの境遇の間には、いくらか共通するものがあるかもしれない。「わたし」は税関での勤務のなかで、ある古文書と金糸の刺繍で大文字のAを縁《ふち》どった緋色の古びた布きれを手に入れる。それらをもとに「わたし」が記したのが、『緋文字』の本編であるというのが作品の構成である。本編は序章よりも二世紀ほど前の時代、すなわち一七世紀のマサチューセッツ湾植民地時代のボストンを舞台としている。当時新大陸には、ヨーロッパ各地からやってきた移民たちの社会が形成されつつあった。

本編は冒頭、主人公のヘスターが生後三カ月ほどの赤子を抱いて獄舎の門から出て来る場面を描き出す。かの女が投獄された経緯は、大略以下のようなものである。元々ヘスターは、イングランドの貧家の出身である。若くしてかの女は、同じくイングランド出身で、長くアムステルダムに住んでいる学者と結婚する。しかしかの女は、この「年配の、陰気で、不具の」夫を少しも愛してはいなかった。さて夫は、ニューイングランドに移り住むことにし、さきに妻をボストンに送る。しかしボストン入植後の二年間、夫から妻へは何の音信もなかった。その間に妻が、婚外子を妊娠し、出産したというのがそこでの物語の設定である。当時のニューイングランドの移民社会はしばしば、「ピューリタン社会」と呼ばれる。そこではまさしく、ピューリタニズムが移民たちの結合の中核をかたちづくっていた。あるいはまた著者の表現を借りれば、そこでは「宗教と法律がほとんど一体化していた」。

当時の「ピューリタン社会」では婚外子の出産は、重大な逸脱行為であった。ヘスターは裁判の結果、禁固刑のほかに二つの社会的制裁を受ける。一つは衆人環視のなかで数時間処刑台に立たされることであり、いま一つはAのしるしを終生胸に付けなければならないことであった。このAが何を表しているかは、作品のなかで明示されていない。しかしそれが「姦通（adultery）」を表していることは、物語の暗黙の前提である。いずれにしてもヘスターの胸の「緋文字（scarlet letter）」が、スティグマ（烙印）の一種であることは明らかである。それをもってかの女は、人々から社会的に排除されているのである。ヘスターは刑期を終えたのち、町外れの人里離れた小屋で娘とともに暮らすことになる。その小屋の地理的な位置も「緋文字」と同じく、ヘスター親子の社会的な位置をはっきりと映し出している。一言にして言えばヘスター親子は、移民社会のなかのマージナルな存在であった。

新大陸に移り住んだ人々の間に、元々どれだけの結束があったのかについては何とも言えない。しかし宗教が、かれらを結びつけるのに大きな役割を果たしたであろうことは疑いない。かれらはまさに、一つの「神」を信じることで結びついていた。しかしそれは、数々の副作用も生んだ。『緋文字』の序章には語り手の「わたし」の先祖が、セイラムの魔女裁判の判事を務めたことが記されている（ちなみにそれは、ホーソーンの実際の家系の歴史を反映している）。セイラムの魔女裁判についてはのちの節《セクション》で、主題的に扱いたいと思う。しかしそれが、一六九二年にセイラムで行われた、最も悪名高い魔女裁判の実例であることはいまここで確認されてよい。一般に社会の統合は、何人《なにびと》かを排除することを前提としている。そうでなければ社会の統合は困難であるというのが、最近の社会学の所見である。魔女裁判もまた「魔女」の排除を通じて、社会の結合を図ろうとする営為にほかならない。

『緋文字』のヘスターが受けた制裁も、そのような排除の論理に基づくものであった。しかしそこには、一つの逆説がある。コミュニティからの追放は同時にコミュニティからの解放を意味する、というのがそれである。わたしたちは出獄後のヘスターの姿に、そのような逆説を見て取ることができる。ヘスターは出獄後、針仕事で生計を立てる。その技量は優れたもので（例の緋文字の刺繍もかの女自身の作品であった）、移民社会の人々の需要を満たすようになる。のみならずかの女は、各種の慈善活動にも従事するようになる。そのうちに人々は、かの女の胸のAを「有能（able）」という意味に解釈するようになったと著者は書く。ここにはスティグマの、ネガティヴなものからポジティヴなものへの劇的な転換がある。面白いことにそれは、ヘスターがマージナルな存在であったからこそ実現したものである。宗教的な結合は予期しない成果として、自立した女性をも生み出したのである。

## 宗教と社会

「宗教は社会を統合する機能をもつ」というのは、デュルケームの宗教社会学の根本命題と言ってよいものである（『宗教生活の基本形態』）。わたしたちはさきの章で、それについて予備的に考察した〔1章宗教〕。ここではそれについて、より本格的に考察したいと思う。デュルケームはまず、宗教がすぐれて社会的なものであると説く。かれの固有の用語をもってすればそれは、集合表象（collective representation）の一つの形態をなす。デュルケームによれば集合表象は、人々の共通の信念や感情にして集合的な実在性をもっている。すなわちそれは、もの（thing）に類比できるというのである。その上でかれは、宗教をこう定義する。①さしあたり宗教とは、「聖なるもの」に関する信仰と儀礼のシステムである。②そしてまたそれは、信者たちを道徳的なコミュニティとしての教団に組織している。この①の定義は「聖なるもの」という固有の表現とあいまって、社会学の内外でつとに有名である。

もっともそれに、どこまでの独創性があるのかは疑問である（たとえば「聖なるもの」の何であるかは、そこでは判然としない）。少なくとも社会学的には、②の命題のほうが重要である。すなわち宗教は、教団と切っても切れない関係にあるという命題がそれである。デュルケームはこう断じる。「教団のない宗教はない」（なおデュルケームは、そこで「教会（church）」という言葉を用いている。日本語の「教会」は元々、教団一般をさす言葉である。しかしまたそれは、とりわけキリスト教の信者団体を連想させる言葉でもある。そこで本書では、それを「教団」という言葉に置き換える)。人々は共通の信仰をもったり共通の儀礼を行ったりすることで、一つに結ばれる。その信者の結合を具現化したものが、まさに教団である。宗教は教団を通じて、人々を社会的に組織しているのである。このデュルケームの一世紀ほど前の洞察はいまもって、わたしたちの霊感《インスピレーション》の源泉たりえている。

『宗教生活の基本形態』でデュルケームは、トーテミズムを主要な題材としている。この「最も素朴で単純な宗教」の分析を通じて「宗教とは何か」を解明することが、そこでのかれの課題であった。その中心的な命題については本書でも、すでに紹介したところである。しかしここでは、それをもう少し敷衍《パラフレーズ》してみようと思う。トーテミズムは世界各地に見られる信仰で、それぞれの氏族が特定の動物や植物などをトーテム(元々ネイティヴ・アメリカンの言葉で、原義は「きょうだい」)として崇拝することをさす。トーテム的な記章や象徴は氏族そのものの記章であり象徴であると説いた上で、デュルケームは――直説法と仮定法の if 節を用いて――こう問いかける。「もしトーテムが神の象徴であり社会の象徴でもあるならば、神と社会は同一のものではなかろうか。かりに集団と神が二つの異なる実在(reality)であるならば、はたして集団の記章は神も同然の姿をとりうるであろうか」。

かれはそこで、慎重にも断定を避けている。しかし実際には、こう言っているのと同じである。「神、それは社会である(God is society, writ large)」。何らかの神を信奉している人々にとってそれは、容易に受け入れがたい命題であろう。にもかかわらずそれは、宗教社会学の重要な成果の一つである。『宗教生活の基本形態』でデュルケームは、宗教と社会の類同性を縷々説き明かしている。たとえば神は、その信者にとって超越的な実在である。それと同じく社会も、そのメンバーにとって超越的な実在であるとかれは言う。あるいはまた神は、その信者を道徳的に支配している。それと同じく社会も、そのメンバーを道徳的に支配しているとかれは説く。そのように宗教システムと社会システムが類同的であったとしても、何ら不思議はない。というのも宗教は、教団のかたちをとって具現化するからである。その意味では宗教システムは、社会システムの下位《サブ》システムの一つにすぎない。

こう書くと宗教が、もっぱら社会の論理に頼っているとの印象を与えるかもしれない。しかしそれは、必ずしも真実ではない。というのも社会もまた、しばしば宗教の論理に頼っているからである。『宗教生活の基本形態』でデュルケームは、それにあたる事例も提示している。たとえば教団は、信者の結合を強化すべく定期的に集会を開いている。それと同じくあらゆる集団が定期的に会合をもとうとする、とかれは言う。あるいはまた集団のなかで、ある人物が神格化されたり（ウェーバーであればそれを、カリスマの概念でとらえるであろう）、ある理念が絶対化されたりすることもよくある。デュルケームは社会には、「自ら神になったり」「神々を創造したり」する能力があると言う。いずれにしても宗教と社会の包含関係を一義的に示すことは、きわめて困難である。要するに「宗教のなかに社会があり、社会のなかに宗教がある」とでも言うほかない、複雑な相互関係がそこにはある。

## 宗教的な一体感

『宗教生活の基本形態』でデュルケームは、集団相互の関係におけるトーテムの役割について述べている。かれはこう言う。「トーテムは集団の旗（flag）である」。要するにトーテムは、それぞれの集団を識別する際のしるしになるというのである。『今日のトーテミズム』でレヴィ＝ストロースも、それと同様の見解を提示している。かれはそこで、トーテミズムを「未開の思考」ととらえることに反対している。トーテミズムは集団相互の関係を動物や植物などの関係で表すものであり、「知性の産物」にあたるというのがそこでのかれの主張である。トーテムによる集団の識別は今日でも、わたしたちの周囲でごく日常的に行われている。たとえば各種の紋章には、伝統的に動物や植物が配されることが多い。プロ野球の球団がタイガースやドラゴンズやイーグルスを名乗ったり、各国のサッカー協会がライオンやニワトリやハヤブサを記章に象《かたど》ったりしているのも、それと同じである。

集団相互の関係が平和的であるとは、必ずしも限らない。というよりもそれは、敵対的であることのほうが普通である。そして集団相互の関係が敵対的であればあるほど、それぞれの集団の結束は強化されがちである。社会学では敵対的な集団の関係を、「わたしたち（us）」と「かれら（them）」（あるいは内集団と外集団）という対概念でとらえる。この対概念は事態を、第三者ではなく当事者の立場からとらえることに特徴がある。理論上「わたしたち」のメンバーは、深い絆で結ばれている。したがって「わたしたち」の間には、いつも共感や信頼がある。たとえば困ったときには、「仲間が手を差し伸べてくれる」と期待することもできる。しかし「わたしたち」と「かれら」の間に、そのような絆はない。そこにはせいぜい、冷たい無関心があるだけである。そしてそれは、すぐさま反感や不信に転化しうる。「わたしたち」は「かれら」に対して、おさおさ警戒を怠ってはならない。

本来「わたしたち」と「かれら」は、相互依存関係にある。すなわち両者は、一方がなければ他方もないという関係にある。言い換えれば「わたしたち」は、「かれら」と敵対することでのみ「わたしたち」でありうる。そしてまた「かれら」も、「わたしたち」と敵対することでのみ「かれら」でありうる。ここで集団一般について述べたことは、そのまま教団一般についてもあてはまる。デュルケームの言うように教団は、共通の信仰や儀礼によって結ばれた集団である。それはまさに、一つの道徳的なコミュニティにあたる。そのメンバーの結束の中核をなすのは、「わたしたちは仲間である」という感情にほかならない。このようなコミュニティ感情が高まるのは、教団が平時というよりも有事におかれた場合である。たとえば教団が、政治的な迫害を受けたり、他の教団と教勢の拡大をめぐって争ったりする場合がそれである。あるいはまた教団の分裂時にも、それと同様の動きが生じる。

旧約聖書『出エジプト記』によれば時代も定かでない大昔、多くのユダヤ人がエジプトの地で隷属的な状況におかれていた。そのとき指導者モーセが現れて、ユダヤ人たちを率いて、エジプトを脱する過程が、『出エジプト記』には描かれている。ユダヤ人たちが向かったのは、「約束の地」カナンであった。もっともかれらは、簡単にカナンに辿り着けたわけではなかった。その後の物語によればモーセ一行は、四〇年間荒野をさまよう。そしてモーセ自身が、カナンに辿り着く前に亡くなる。その間モーセが繰り返し直面するのは、人々の不信である。その不信はモーセに対するものであると同時に、「神」に対するものでもある。というのもモーセの統率は、もっぱら「神」に正当性の根拠をおいているからである。モーセは危機が訪れるたびに、「神」の前で一つになるように人々に呼びかける。それはまさに、社会の解体を何とか食い止めんとする指導者の必死の呼びかけにほかならない。

それから時代は、紀元一世紀へと飛ぶ。当時イスラエルの地は、ローマ帝国のユダヤ属州になっていた。そこで暮らすユダヤ人たちとローマ帝国の間で戦争が起こり、ローマ側の勝利に終わる。戦後生き残ったユダヤ人たちは、イスラエルの外へと離散（ディアスポラ）していくことになる。ユダヤ人歴史家ヨセフスが著した『ユダヤ戦記』は、この戦争の経過を生々しく伝えている（著者自身がそれに、当初はユダヤ側で、その後ローマ側で従軍した経歴をもっている）。その掉尾《ちょうび》を飾るのは、マサダの戦いである。エルサレムの陥落後一千人ほどのユダヤ人が、マサダと呼ばれる岩山の要塞に籠城し、ローマ軍の攻撃に三年間抵抗した末に、敵軍の突入前夜に要塞内のほぼ全員が自決したのが、それである。この集団自決に先だって指導者の一人は、自決することが「神」の御心にることができる。

沿うものであることを縷々説く。かれらを集団自決へと導いたのは、宗教的な一体感であったと見

## 魔女裁判

「わたしたちは仲間である」と信者が感じることは、教団が教団であるための重要な存立条件である。その一方でそれは、数限りない悲劇を生んできた。宗教上の対立に起因する戦争は、その最たるものである。事態がいっそう悲劇的であるのは、その当事者たちが必ずしもそれを「悲劇」とはとらえていないらしいことである。すなわちそこでは、大義のために自らの生命を投げ出すことが称揚される。デュルケームは『自殺論』のなかで、自殺の基本類型として利己的自殺（egoistic suicide）と利他的自殺（altruistic suicide）を対置した。このうち後者は、まさに大義のために自らの生命を投げ出すことにあたる。その典型例としてデュルケームは、古典的な殉死や殉教をあげている（日本語では「殉死」と「殉教」は、それぞれ固有の意味をもつ言葉である。しかし英語の martyrdom は、それらを包含する言葉である）。のみならずかれは、いまでも軍人の自殺率の高いことに着目している。

デュルケームによれば利己的自殺においては、各人は自分自身に行為の基準をおいている。これに対して利他的自殺においては、各人は自らが帰属する集団に行為の基準をおいている。端的に言えば前者においては、個人が集団に優越している。それに対して後者においては、集団が個人に優

越しているのである。その意味では利他的自殺を「大義のために自らの生命を投げ出すこと」ととらえるのは、素朴にすぎるようにも思う。というのもそこでは、「大義」のために各人の生命を差し出させるもの――集団――が想定できるからである。マサダの戦いでユダヤ人たちが集団自決を遂げたのは、そのような利他的自殺の一例としてとらえることができる。あるいはまた第二次世界大戦の末期に旧日本軍が採用した「特攻作戦」にも、それに類する一面がある。二〇世紀の後半にはカルト教団による集団自殺が、世界各地で頻発した。それはまさに、宗教的な一体感が生み出した近年の惨劇である。

「多数派（majority）」の宗教的一体感の下で「少数派（minority）」が社会的に排除されたり迫害されたりする構図も、歴史とともに古い。それによって「多数派」は、自らの存立の維持を図っているのである。ここではアーサー・ミラーの『るつぼ』（一九五三年）を題材にして、社会的排除や迫害の構図について考えてみよう。わたしたちはさきに、セイラムの魔女裁判について触れた。「魔女裁判（あるいは魔女狩り）」は今日、より一般的な文脈で使われる用語となっている。当事者Aが当事者Bによって、「少数派」もしくは「異端派」として認定される。それによってBは、「多数派」あるいは「正統派」の位置を確保する。その上でAが、Bによって社会的に排斥されたり迫害されたりする。しかもそれは、客観的に見て不当な手続きに則っていることが多い。総じてそれが、今日のいわゆる「魔女裁判」である。したがってそこでは、実際に「魔女」の認定が行われるわけではない。

その語源となった本家本元の魔女裁判は、中世末期から近代初頭にかけてのキリスト教文化圏で行われた。『るつぼ』はセイラムの魔女裁判に題材をとって、魔女裁判の構図そのものを問題化した作品である。一七世紀末の時点でニューイングランド植民地の周囲には、いまだに先住民が暮らしていた。その一方で植民地のメンバーの間には、厳格な宗教的規律が生きていた。要するにそこでは、「わたしたち」を維持するための不断の闘争が行われていた。セイラムの魔女裁判の経過は大略、以下のようなものである。セイラムの近郊の村で少女たちが、日常的に占いや呪いをしていた。少女たちのなかで「悪魔憑き」の症状が現れ出し、「魔女」をめぐる詮索や追及が始まる。その少女たちへの詰問や拷問によって多くの村人が、次々に「魔女」として告発される。そして逮捕・投獄・拷問などを経て、一種の宗教裁判にかけられる。その手続きは今日から見て、不当としか言えないものである。

しかしマサチューセッツ湾植民地総督の命令で裁判が停止するまで、二〇〇名以上の村人が告発され、一九名が刑死し、一名が拷問中に圧死し、少なくとも四名が獄死したというのが事件の顚末《てんまつ》である。魔女裁判を特徴づけるのは、告発に次ぐ告発である。そのような告発の連鎖を支配しているのは、「告発しなければ、告発される」という心理的な機制である。ミラーが『るつぼ』を書いたのは、アメリカで「赤狩り（Red Scare）」が猖獗《しょうけつ》を極めた時代である。「赤狩り」とは冷戦の初期に、共産主義者を社会的に排除した出来事をさす。ミラーはそれを、魔女裁判と等価なものととらえている。そのことの論評はここでは、いったん横におく。わたしが強調したいのは、「多数派」による「少数派」の排除は日常的な出来事であるということである。それはまさに、集団が集団であるための存立条件の一つにあたる。その意味では魔女裁判を、過去の遺物として片付けることはけっしてできない。

## カリスマ

デュルケームとウェーバーは二人して、宗教社会学の二大巨頭と言ってよい存在である。一世紀ほど前にデュルケームは、宗教が社会を統合する機能をもつことに着目した。それと同時期にウェーバーは、宗教が社会を変革する機能をもつことに着目した。わたしたちは次に、このウェーバーの主張に目を向けることにしよう。そこでのウェーバーの議論の中核をなす概念は、カリスマである。カリスマは今日、「非凡な能力」を意味する言葉として通用している。元々それは、「神からの賜物（gift）」を意味する言葉である。『コリントの信徒への第一の手紙』でパウロは、この言葉を用いている。すなわちかれは、預言者には「天与の資質」があると言う。そこで言うカリスマと今日言うところのカリスマの間に、大きな違いはない。この用語を社会学の概念として採用したのが、ウェーバーである。ウェーバーはそれを、預言者・呪術師・支配者などのもつ非日常的な資質や能力と規定した。

その限りではかれのカリスマ概念に、格別の新味はない。宗教はそれ自体、一つの自己言及的システムであるというのが本書の基本的立場である。その立場からすれば「聖なるもの」と同じく、カリスマ概念もまた自己言及的な構造をもっている。すなわちある人物Aがカリスマ性（カリスマ的な資質や能力）をもつのは、「Aにカリスマ性がある」と人々が認識していることと同義である。必ずしもそれは、カリスマ概念を否定するものではない。かりに人々が、「Aにカリスマ性がある」と認識しているとしよう。その場合Aは、人々から崇拝されたり尊敬されたりするであろう。デュルケームに倣って言えばそれは、紛れもなく一つの社会的事実である。ウェーバーのカリスマ概念もまた実際には、そのような文脈のなかで展開されている。その上でウェーバーは、カリスマ性をもつ――正確には「カリスマ性をもつ」と認識される――人々が社会的にいかなる役割を果たすのかを問うている。

ウェーバーは『世界宗教の経済倫理』の序論で、支配の三類型を提示している。端的に言えばそれは、「何に支配の正当性の根拠をおいているか」に基づく支配の分類である。そのなかにかれは、「伝統的支配」や「合法的支配」とともに「カリスマ的支配」を含めている。「伝統的支配」が慣習に、「合法的支配」が法に支配の正当性の根拠をおくのに対して、「カリスマ的支配」は指導者のカリスマ性にそれをおく。すなわち「カリスマ的支配」は、カリスマ的指導者に対する人々の帰依に支配の正当性の根拠をおいているのである。その意味ではそれは、けっして安定した支配とは言えない。というのも「カリスマ的支配」は、指導者個人の資質や能力に大きく依存しているからである。しかしそれは、「伝統的支配」や「合法的支配」にはない固有の特性をもつとウェーバーは言う。「カリスマ的支配」は既存の秩序に縛られないという意味で、すぐれて革命的な性格をもつというのである。

「宗教は社会を統合する」とのデュルケームの所説は、宗教の何であるかをわたしたちに教えてくれる。その一方でわたしたちは、「宗教は社会を変革する」とのウェーバーの所説にも耳を傾けるべきであろう。そうでなければわたしたちは、多面的にして動態的な宗教の世界に近づくことはできない。ここでさきに取り上げた事例を、再度取り上げることにしよう。指導者モーセは同胞のユダヤ人たちを、首尾よくエジプトから脱出させる。しかしモーセ一行は、いつになってもカナンに辿り着くことができない。この間人々は、繰り返しモーセのカリスマ性を疑っている。そのたびにモーセは、自らのカリスマ性の証明に追われている。マサダの戦いの終盤で指導者エレアザロスは、人々に集団自決を促す演説を行う。それに対する反応が芳《かんば》しくないので、エレアザロスは再度人々に語りかける。すると演説の途中で、人々が集団自決へと突き動かされる光景が『ユダヤ戦記』には描かれている。

モーセとエレアザロスはともに、ここで言うカリスマ的な指導者にあたる。というよりもかれらは、カリスマ的な指導者であろうと懸命に努めている。かれらがカリスマ的な存在であり続けるためには、人々の支持が不可欠である。その意味ではかれらと、今日わたしたちの周囲にいる政治家・経営者・宗教者・文化人・人気者などの間に大差はない。本来カリスマ的指導者のカリスマ性は、その人物個人に帰属している。したがってかれまたはかの女が肉体的もしくは政治的な死を迎えるとき、その「カリスマ的支配」は終焉を迎える。その後「カリスマ的支配」は、徐々に「伝統的支配」や「合法的支配」に移行していくことが想定される。ウェーバーはこれを、「カリスマの日常化」と呼んでいる。たとえば会社の創業者亡きあと、その地位を創業者の一族の者やそれ以外の者が継承することがそれにあたる。そのうちにかれらのなかから、新たなカリスマ的な経営者が出現するかもしれない。

## 「新宗教」の時代

芥川龍之介はキリシタン時代（戦国時代・安土桃山時代）の日本を舞台として、「切支丹物《キリシタンもの》」（あるいは「南蛮物」）と呼ばれる一連の作品を残している。そこでは日本文化の構成原理としての「日本的なもの」と「西洋的なもの」が、相互にぶつかり合い、からみ合う光景が興味深く描かれている。その「切支丹物」に属する『神神の微笑』は、キリスト教の伝道のために日本を訪れた宣教師オルガンティノを主人公としている。『神神の微笑』の最大の山場は作品の後段で、宣教師と「この国の霊の一人」と自称する老人が宗教論議を戦わせる場面である。もっともそこでは、老人が宣教師をほとんど一方的に言い負かしているように映る。老人はそこで、次のような趣旨のことを言う。この国の人々はこれまで、外来の文化を自分たちなりに作り変えてきた。仏教も儒教も道教も皆、そのような経過を辿ってきた。この国の人々が西洋人の思うように、キリスト教に教化されていくはずはない。

要するに老人は、「西洋的なもの」が「日本的なもの」を打ち負かすことはないと言うのである。

そもそも老人は、作者の分身のような存在である。そして作者は、キリシタン時代の三世紀ほど後の時代を生きている。その意味では老人が、作中で未来を予見しえたとしても何ら不思議はない。その上でさきの老人の予見は、まさに正鵠を射ていたと言わねばならない。たとえば慶長一九（一六一四）年の統計で、日本のカトリック信者は六五万人を超えていたという（カトリック中央協議会の資料による）。その後キリスト教は、三世紀にわたる禁教を経験した。その事情を割り引く必要があるにしても一九世紀中葉の布教再開から今日まで、キリスト教の信者数が伸び悩んでいることは明らかである。ちなみに文化庁「宗教統計調査」などの結果を総合すれば、現在の日本のキリスト教の信者数はカトリックとプロテスタントを合わせて一〇〇万人程度（人口の一％未満）にとどまると推定される。

今日の日本の宗教界で大きな存在感を示しているのは、「新宗教（new religion）」と呼ばれる——主として仏教系・神道系の——教団である。「新宗教」とは必ずしも、それらの教団の自称ではない。どちらかと言えばそれは、その外部からの呼称である。つまりは「その教団は歴史が浅い」ということが、そこでは指摘されている。そのような言葉としてかつては、「新興宗教」が使われていた。しかし政治的な公平性《ポリティカル・コレクトネス》を理由に、今日では「新宗教」という言葉に置き換えられている。本来「新宗教」は、相対的な（他との比較の上で成り立つ）言葉でしかない。というのも「旧宗教」（既成宗教や伝統宗教）も、当初は「新宗教」として登場したことに変わりはないからである（たとえばキリスト教はユダヤ教に対する、プロテスタントはカトリックに対する、それぞれ「新宗教」

として登場した)。「新参者」が「古参者」から冷淡な扱いを受けることは、一般の社会でもよくあることである。

その意味では宗教の世界が、何か特別な世界であるわけではない。「新宗教」が続々と誕生し、多数の信者を糾合したのは、一九世紀中葉の幕末維新期以降である。というよりも幕末維新期から今日までに誕生した教団をさして、「新宗教」という言葉が使われていると言うほうが正確である。いったいなぜ、この期間に「新宗教」が続々と誕生し、多くの信者を糾合したのかは重要な社会学的問題である。それについてここでは、一つの仮説を提示したい。その理論的補助線を提供してくれるのは、マルクスとエンゲルスの『共産党宣言』である。二人はそこで、こう言う。グローバルな資本主義を基軸的な原理とする近代社会においては、コミュニティ的な秩序が容赦なく破壊される。たとえば人格的な関係は非人格的な関係に、ローカルな関係はグローバルな関係に、固定的な関係は流動的な関係に、それぞれ置き換えられる。要するにそこでは、「すべての堅固なものが跡形もなく消える」。

今日の社会学用語をもってすればそこでは、近代社会を貫徹するグローバル化=個人化の傾向が早くもとらえられている。しかし注意を要するのは、グローバル化=個人化が必ずしも直線的に進行したわけではないことである。実際にはそれは、ジグザグに進行したと言わねばならない。その際「新宗教」は、人々にとってコミュニティ的な秩序を再構築するためのよりどころとなった。すなわちそこでは、グローバルな関係がローカルな関係に、非人格的な関係が人格的な関係に、流動的な関係が固定的な関係にそれぞれ置き換えられる。というよりもそれが、そこでの人々の願望であったと言うべきかもしれない。専門家は幕末維新期から今日までの間に、数次にわたる「新宗教ブーム」があったことを指摘している。しかし近代社会は、一貫して「新宗教」の時代であったと言うほうがずっと的確である。そして「新宗教」は、今日でも新たな装いをもって人々を引きつける魅力を保っている。

今日では「新宗教」による信者の糾合に翳《かげ》りが見られる、といった類の記事をよく目にする。その場合そこで話題になっている「新宗教」は、既存の「新宗教」であることが多い。つまりはそこでは、既存の「新宗教」が「旧宗教」と化してきているのである。したがって新規の「新宗教」が登場して、人々を糾合する可能性は、少しも否定されていない。この新規の「新宗教」がいかなる装いをもって登場するかについては、いまのところ何とも言えない。ひょっとしたらそれは、既存の「宗教」の概念を超えたものであるかもしれない。一面ではグローバル化＝個人化の時代は、「宗教」にとっての受難の時代である。しかしそうであるがゆえに、「宗教」にはますます新たな出番があると見ることもできる。――教団は儀礼を定めることで、信者の生活を律してきた。それはいまでも、わたしたちの生活に多大な影響を及ぼしている。わたしたちは次に、儀礼について考えてみることにしよう。

4章

# 儀礼

## 生活のリズムを刻む

## ローカルな集団

わたしにとって職場の同僚は、結構身近な存在である。わたしはかれらと、日常的に挨拶したり、雑談したり、会食したりしている。かれらはわたしにとって、ほとんど隣人みたいなものである。したがってそこには、自然と「近所付き合い」が生まれる。たとえば同僚の身内が亡くなれば、葬儀に行ったり、弔電を打ったり、香典を渡したりすることになる。たしかにちょっと前までは、そうであった。あえて過去完了形で書くのは、いまは必ずしもそうではないからである。かつては同僚の身内の訃報は、葬儀の前に葬儀の案内とともに皆に伝えられた。しかしいまは、葬儀の後に伝えられることが一般化してきている。そこには故人の遺族からの、次のような伝言が付されている。「葬儀はすでに近親者にて営みました。ご香典・ご供花の儀は固くご辞退申し上げます」。かつては同僚の不幸に、同僚としてコミットすることができた。しかしいまは、そうすることができなくなってきている。

不幸にコミットできないことは、幸福にコミットできないことと同義である。実際わたしは、久しく同僚の婚儀に参列していない。近年あちこちで、冠婚葬祭の簡略化が指摘されている。たとえば「地味婚」や「家族葬」といった言葉で表現される傾向が、それにあたる。かりに冠婚葬祭が職場集団と切り離されるならば、盛大な儀式を行うこと自体が不要となる。わたしの職場では現在、職員の住所録が公開されていない。「個人情報保護」の名の下に一〇年以上前に、その公開が停止になったからである。それ以降わたしは、同僚の自宅の住所・電話番号を掌握していない（わたしが掌握しているのは、職場のメールアドレス・内線番号だけである）。これではそもそも、同僚同士が職務を離れて親しく付き合うこと自体が困難である。たとえば新年の賀状を出すことも、年々難しくなってきている。いまや官僚制の理想型通りに、「公私の混同」を避けることが各人の義務になっているのである。

職場集団は長年、近隣集団と同等の機能を果たしてきた。すなわちそれは、一個のコミュニティとして機能してきた。コミュニティとしての職場集団を支えてきたのは、各種の儀礼である。人々は互いに儀礼を尽くすことで、コミュニティ的な絆を結んできた。しかし今日、職場集団における儀礼の簡略化が顕著である。社会学的にはそれは、職場集団がアソシエーション（コミュニティと対置される用語で、「機能集団」とも訳される）として純化する傾向にあたる。それによって実際に、職場集団の機能が向上するかどうかは何とも言えない。官僚制の理想型が「理想」通りに機能しないことは、すでに一つの定説となっている。それでも今日、儀礼の簡略化はローカルな集団全般を貫通する傾向である。ここで言うローカルな集団には、家族集団、地域集団、宗教集団なども含まれる。のみならずグローバル化のなかでは、国家もまたローカルな集団の一つに転落することを忘れてはならない。

今日でも国家が、全体社会の一つの単位であることに変わりはない。しかしまたグローバル・スタンダード（世界標準）の下で、国家のルールがローカルなルールに転落する事態も日常化してきている。ローカルな集団は職場集団と同じく、それぞれに固有の儀礼を保持してきた。そのメンバーにとって儀礼を遵守することは、自らの集団的なアイデンティティの中核をかたちづくるものであった。そのような儀礼が簡略化の一途を辿ることは、集団の存亡に関わる事態と言わねばならない。「地方の衰退」は今日、各所で耳にする声である。社会学的に見ればそれは、グローバル化のなかで地域的な結合が弱体化しつつあることの別個の表現である。あるいはまたそれは、マルクスとエンゲルスの言う「すべての堅固なものが跡形もなく消える」現象の一つである。これまでローカルな人々の結合の中核を占めてきたのは、それぞれの地域に固有の祭り（祭儀、祭礼、祭祀などとも言う）であった。

このような祭りが今日、あちこちで存続の危機に瀕していると聞く。実際わたしたちは、すでに祭りとほとんど縁のない生活を送っている。客観的に見ればわたしたちは、とうに「神」から見放された存在なのである。言うまでもなく新興住宅地には、昔ながらの祭りらしい祭りはない。バウマンは『コミュニティ』で、新興住宅地を「道徳的に空虚な」空間として分析している。かれはこう言う。「そこには、長期にわたって同一であるものがない。十分に受け入れられ、親しまれ、居心地よく安全で快適な覆いに転じるほど長きにわたってもちこたえるものは、何もない」。しかし人々の間で、コミュニティに対する渇望がなくなってしまったわけではない。それどころか手に入らなければ入らないほど、手に入れたくなるのがコミュニティである。そしてわたしたちの周囲で、新たな「祭り」を創出する動きがないわけではない。いったいそこでは、いかなる儀礼が行われているのであろうか。

## 社会的な現実

デュルケームによれば宗教は、「聖なるもの」に対する信仰と儀礼のシステムである。信仰と儀礼はそこで、ほとんど分かちがたく結びついている。しかし二つを、あえて概念的に切り分ければどうか。信仰はそこで、「聖なるもの」に関する精神的なシステムである。すなわちそれは、何かを「聖なるもの」として認識することである。それに対して儀礼は、「聖なるもの」に関する身体的なシステムである。すなわちそれは、何かを「聖なるもの」として運用することである。古典的な人間の能力の分類に従えば前者が知識（エピステーメー）の領域に属しているのに対して、後者は技能（テクネー）の領域に属している。その上で両者が、いずれも自己言及的なシステムであることは確認されてよい。すなわち「聖なるもの」は、「聖なるもの」であるがゆえに「聖なるもの」として認識される。そしてまた「聖なるもの」は、「聖なるもの」であるがゆえに「聖なるもの」として運用される。

デュルケームは儀礼（rite）を、「聖なるもの」とどう関わらなければならないかを定めた行為の規則と規定した（『宗教生活の基本形態』）。いま特定の信仰をもたない日本人が、特定の宗教と接触する場面を想定してみよう。たとえば寺院で葬式を出したり、教会で婚礼を挙げたり、神社で祈禱を受けたりすることが、それにあたる。聖職者が管轄する限りそこでは、当事者の所作が事細かに定められている。その所作が何を意味するかは、必ずしも重要ではない。より重要なことは当事者が、それを粛々とこなすことである。それがまさに、わたしたちが日常的に経験する儀礼である。今日の日本語で「儀礼的」は、「形ばかりの」という意味の言葉となっている。たとえば仏式の法要で内容の判然としない僧侶の読経《どきょう》をありがたく拝聴したり、二礼二拍手一礼の作法で神社を参拝したりするのは、儀礼的な態度である。しかし宗教的な儀礼が、つねに「儀礼的」なものにとどまるとは限らない。

たとえば特定の信仰をもつ人々にとっては、事情はこれとは異なるはずである。かれらにとって儀礼は、生活の全般を律するものとなるかもしれない。かりに一つの社会が、共通の信仰をもつ人々で構成されているとしよう。その場合宗教的な儀礼は、社会的な現実（social reality）を構成する力をもつと言っても過言ではない。『宗教生活の基本形態』でデュルケームが問題にしているのは、そのような宗教の力である。デュルケームがそこで、トーテミズムを中心的な主題としていることはさきに書いた〔3章教団〕。かれはそこで、トーテミズムに関連する儀礼を紹介している。たとえば同一のトーテム集団（氏族）のなかでの婚姻が禁じられたり、トーテム動物やトーテム植物を食用にすることが禁じられたりすることが、それである。そこでは宗教的な儀礼が、同時に社会的な慣習（ないしは習律）をかたちづくっている。まさしく宗教は、社会のありようを決定づける固有の力をもっているのである。

儀礼に近接する用語に、戒律（commandment）がある。戒律とは宗教上、信仰者が遵守すべき規則のことである。これに対して儀礼は、戒律に則った行為のことである。しかし本来、戒律と儀礼の間に明確な一線を引くことは困難である（さきに紹介したデュルケームの「儀礼」の定義でも、そこは曖昧である）。さまざまな宗教にいかなる戒律や儀礼があるのかは、人々の関心を引く主題の一つである。たとえば旧約聖書の『レビ記』には、地上の生き物のうち「ひづめが完全に分かれ、しかも反芻《はんすう》するもの」、水中の生き物のうち「ヒレとウロコのあるもの」は食べてもよいと定められている。逆に言えばそれぞれのカテゴリーのなかで、それ以外のもの（たとえばラクダやブタやウマやサメやエビや貝類）は食べてはならないわけである。面白いのはそこには、なぜそうでなければならないのかの説明がいっさいないことである。それでもそれは、ユダヤ教徒の食事規定として通用してきた。

のみならずユダヤ教徒は、生活の全般にわたる数々の戒律を課せられてきた。おそらく今日、そのような戒律を厳格に遵守するのはそう容易ではないであろう。それはまさに、グローバル化のなかでローカルな文化を保持するのが難しいのと同じである。それに関連する事例を、もう一つあげよう。わたしの勤務する大学には、東南アジア諸国出身のイスラームの女子学生が数名通っている。かの女たちは皆、ヒジャブ（スカーフ）で頭部を覆っている。もちろんそれは、イスラームの服装規定に基づくものである。幸いにしてそれによって、何か混乱が生じたという話は聞いていない。しかしフランスでは、二〇〇四年に公立学校でのヘッドスカーフの着用を、二〇一〇年には公共の場でのニカブやブルカ（ともに顔の全体を覆うヴェール）の着用をそれぞれ禁止する法律が成立したと聞く。中立的に見ればそこでは、グローバル化の下で二つの異なる文化が熾烈な闘争を繰り広げているのである。

## イニシエーション

フランスの文化人類学者A・ファン・ヘネップは『通過儀礼』の冒頭で、世界を聖界（宗教的世界）と俗界（世俗的世界）に大別している。その限りではかれは、デュルケームの宗教社会学を踏襲している。しかしそこから、ファン・ヘネップの独自の考察が始まる。かれによれば伝統社会では、基本的に聖界が俗界を支配していた。そしてそこでは、ある世界から別の世界への移動に際して宗教的な儀礼を必要とした。それがまさに、かれの言う「通過儀礼（rite of passage）」である。それについてファン・ヘネップは、空間的な「通過儀礼」と時間的な「通過儀礼」を区分する。すなわち前者は、ある場所から別の場所への移動に際しての儀礼をさす。それに対して後者は、出生、成人、結婚、出産、死亡などに際しての儀礼をさす。ただし両者は、どちらも社会集団の間の移動に際しての儀礼として――ちなみに後者は、年齢集団の間の移動に際しての儀礼として――把握できるように思う。

各種の通過儀礼のなかで重要な位置を占めてきたのが、イニシエーションとしての成人儀礼である。イニシエーションは元々、何らかの集団への「加入」を意味する言葉である。しかしまたそれは、もっぱら成人儀礼をさす用語として使われてきた。明らかにそれは、各種の通過儀礼のなかで成人儀礼が重要な位置を占めてきたからである。エリアーデの『生と再生』は宗教学的関心のもとに、このイニシエーション（成人儀礼）を問題にした作品である。その冒頭エリアーデは、そこでの関心を簡潔に述べている。かつてはイニシエーションが、社会的な儀礼として重要な意味をもっていた。しかしいまでは、もはやそうではないというのがそれである。それについてわたしは、エリアーデとは見解を異にしている。すなわちイニシエーションは、いまでも別個のかたちで生き続けているのではないかとわたしは思う。にもかかわらずそこでのエリアーデの見解には、いまだに学ぶべきことが多い。

いったい成人儀礼が、イニシエーションとして重要な意味をもつのはなぜか。それについてエリアーデは、こう説く。成人儀礼は本来、子どもの段階から大人の段階に移行するための通過儀礼である。その際大人になることは、自らの社会に固有の文化に参画する意味をもつ。その意味ではそれは、「再生（rebirth）」と形容しうるものである。わたしたちはそれを、社会学的にこう言い換えることもできる。人間は子どもの段階において、必ずしも社会の正規のメンバーとして認知されていない。成人儀礼は当事者にとって、社会の正規のメンバーとして認知されるための重要な関門である。エリアーデの作品は種々の事例を通して、伝統社会における成人儀礼の何であるかを教えてくれる。基本的にそれは、当事者に種々の試練を課すものである。しかしここで、それらを一々紹介してもしかたがない。エリアーデの言うように成人儀礼は、いまでは「形ばかりの」ものになっているからである。

日本では今日、一月の第二月曜日が「成人の日」の祝日になっている。当日は多くの市区町村で、「成人式」が催されている。よく知られているようにこれは、市区町村ごとに「新成人」――その年度内に満二〇歳を迎えた（迎える）若者――を招待して、祝福したり激励したりするための行事である。のみならずそれが、「新成人」にとって晴れ着姿で記念写真を撮ったり、同窓生との再会を喜んだりする機会になっていることは断るまでもない。近年では「成人式」の混乱を、メディアが面白おかしく報道することも年中行事化している。この行事は第二次世界大戦後、埼玉県のある町で始まり、たちまち全国的に広まったというのが一応の通説である。いずれにしてもそれが、伝統社会における成人儀礼と似て非なるものであることは明らかである。たとえば伝統社会では、成人儀礼を経ることが各人の義務であった。それに対して今日の「成人式」は、出席するもしないも当人の自由である。

そしてまたそこには、試練に当たるものは見当たらない。もし成人儀礼が「大人」になるための種々の試練を意味するのであれば、今日でもそれにあたるものがないわけではない。たとえば「学校に通う」ことや「職業に就く」ことがそれにあたる、とわたしは思う。先進諸国で普通教育が開始されたのは、一九世紀の中葉である。それ以降子どもは、「学校に通う」ことを求められる存在になった。すなわち子どもにとって、学校が「大人」になるための訓練の場になった。そして「学校を出る」と、今度は「職業に就く」という課題が待っている。この一連の過程は実質的に、長期にわたるイニシエーションの過程と見なしうるものである。たしかにそれは、昔ながらのイニシエーションとは様相を異にしている。しかし「大人」になるための訓練が、そこで行われていることに変わりはない。社会が文明化し複雑化するのにともない、イニシエーションもまた長期化し高度化してきたのである。

## コミュニタス

イギリスの文化人類学者V・W・ターナーの『儀礼の過程』はファン・ヘネップの『通過儀礼』の延長線上で、通過儀礼について独自の視点を提示している。ファン・ヘネップは通過儀礼の過程を、①分離、②過渡、③統合の三つの段階に分類した。すなわちそれは、当事者が①集団Aから離脱して、②どこにも属さない段階を経て、③集団Bに加入する過程に対応している。このうちターナーは、もっぱら②の過渡の段階に着目する。それはまさに、通過儀礼の中心的な舞台にほかならない。そこでは当事者は、日常的な秩序から離れて不確定な状況におかれている。そのような状況のことをターナーは、境界性（liminality）と呼ぶ。かりに境界的な状況をネガティヴに規定するならば、「当事者の世俗的な地位や役割が問題にならない状況」ということになる。しかしまたそれを、よりポジティヴにこう言い換えることもできる。そこでは当事者の間に、固有の仲間意識や平等感覚が生まれる。

ターナーによれば非境界的な状況では組織的・構造的な社会関係が支配的であり、境界的な状況では非組織的・反構造的な社会関係が支配的である。あるいはまた前者は世俗的な領域であり、後者は宗教的な領域である。その際境界的な状況では、共同の儀礼を通じて人々の間に固有の社会的結合が生み出される。そこでの人々の関係をさしてターナーは、コミュニタスと呼ぶ。元々それは、ラテン語で「仲間関係」を意味する言葉である。そこには社会の存立にとってなくてはならない、「人間の絆」があるというのがかれの主張である。社会生活は「聖なる世界」と「俗なる世界」の対話的な過程であり、人々は宗教的な儀礼を通じて社会的に統合されているとの認識においてターナーは、デュルケームやバーガーと同一の視座に立っている。その上でコミュニタスに関するターナーの見解は、いまでも示唆に富む。というのもそこでは、社会の存立機制が動態的《ダイナミック》にとらえられているからである。

『儀礼の過程』でターナーが立論の根拠としている事例の大半は、アフリカの部族社会から引かれている。その意味ではコミュニタスは、あたかも伝統社会に固有のものであるかのようである。しかしまたターナーは、文明社会のなかにコミュニタスの遺制を種々見いだしている。たとえばかれは、アメリカの社会学者E・ゴッフマンが『アサイラム』で提起した概念であるトータル・インスティテューションに着目する。トータル・インスティテューションとは「被収容者が、相当の期間、社会的に隔絶された空間で、トータルに管理された生活を送る施設」のことで、収容所・刑務所・療養所・寄宿舎・修道院などがそれにあたる。被収容者はそこで、既成のアイデンティティを剝奪され、平準化・規格化された存在になる。ターナーはそこに、コミュニタスの一つの形態を見て取っている。あるいはまたヒッピーなどのアウトサイダーは、コミュニタスの価値を体現してい

ると ターナーは言う。

しかしわたしは、そこでのターナーの見解に大いに不満をもつ。かつてアメリカの社会学者R・M・マッキーヴァーは、コミュニティとアソシエーションという集団類型を提示した。かれによれば前者は人々の共同生活の範域《エリア》をさし、後者は特定の目的のために人々が組織する集団をさす。このうちマッキーヴァーは、社会生活の根底にはいつでもコミュニティ的な関係があると説く。かれの表現を借りればコミュニティの範域は、「宇宙の果てまで広がる」可能性をもっている。わたしたちは今日、さまざまな集団の間をたえまなく移動している。その集団のなかには当然、ネット上の集団も含まれている。まさしくネットサーフィンのように、さまざまな集団の間を行ったり来たりするのがわたしたちの日々の生活である。この場合わたしたちが、どの集団に所属しているのかは不分明である。しかしまたそれは、わたしたちがより広域的な集団のメンバーになりつつあることを映し出している。

わたしたちはそこに、ターナーの言うコミュニタスを見いだすこともできなくはない。バーチャル・リアリティとしてのネット空間は、しばしば無法地帯と誤解されがちである。しかしそれが、リアルな社会空間と大差のないものであることは明らかである。実際わたしたちは、ネット上の集団でも儀礼に適った態度を求められる。ゴッフマンは『儀礼としての相互行為』で、対面的な相互作用を儀礼的な過程として分析している。たとえばかれは、こう説く。「面子（face）は聖なるものであり、それを守るために人々は種々の表現を駆使する。それによって作り出されるのが儀礼的秩序である」。このような記述はアフリカの部族社会のみならず、今日のネット空間にも適用できるのではなかろうか。ゴッフマンの研究が示唆するのは、わたしたちの日常生活がそれ自体一つの儀礼のシステムを構成していることである。わたしたちは日々の儀礼を通じて、社会的な結合を維持しているのである。

## トマスの公理

デュルケームに倣って儀礼を、「聖なるもの」とどう関わるかを定めた行為の規則と定義することにしよう。その場合儀礼のありようは、「聖なるもの」が何であるかによってさまざまであると言わねばならない。ウェーバーは「倫理」論文で、プロテスタンティズムの倫理と「資本主義の精神」の親和性に着目した。そのような着想そのものは社会学的に、それほど珍しいものではない〔2章信仰〕。ウェーバーにとってそこでの課題は、その親和性をどう論証するかであった。すなわち初期（資本主義の発展期）の企業家や資本家たちは、プロテスタントにして利潤の追求を宗教的な使命としていた。かれらの思想の何であるかをプロテスタンティズムの教義の分析を通して明らかにすることが、「倫理」論文の課題であった。わたしはここで、そこでのウェーバーの論証の成否を問おうとは思わない。わたしが疑問に思うのは、そもそも「資本主義の精神」自体が宗教的なものではないかということである。

言うまでもなく今日の企業家や資本家の大半は、敬虔なプロテスタントではない。にもかかわらずかれらにとって、利潤の追求は相変わらず「聖なる行為」であり続けている。ウェーバーが「倫理」論文を書いたのは、二〇世紀の冒頭であった。たしかに当時、資本主義が本格的な発展を遂げていたのは西洋諸国だけであったかもしれない。しかし今日では、資本主義は全地球的な拡大を見せている。その精神的な基盤は今日、ウェーバーとは異なる文脈で検討されなければならない（たとえば日本や中国やインドやブラジルや韓国の資本主義が、プロテスタンティズムを精神的な基盤にしているはずはない）。それでもウェーバーの研究は、いまでもわたしたちにとって示唆に富む。かれによれば宗教的な儀礼は、人々の生活態度を方向づけることで社会的な現実を構成する可能性をもつ。いかなる精神的な基盤の上で資本主義が発展するかを問題にしたのは、紛れもなくウェーバーの功績である。

社会学の歴史上ゴッフマンは、シカゴ学派の系譜に連なる社会学者と位置づけられている。シカゴ学派とは文字通り、シカゴ大学に集った社会学者の一団をさす。初期のシカゴ学派に属するW・I・トマスは、「トマスの公理」を提唱したことで知られる。トマスはこう説く。「人々がリアルと思ったことが、結果としてリアルになりがちである」。そこでトマスが説くのは、ごく単純なことである。当事者の状況の定義が当事者の行為を通じて、状況そのものを規定するというのである。このトマスの着想を「トマスの公理」と命名したのは、アメリカの社会学者R・K・マートンである。のみならずマートンは、それを洗練させたかたちで「予言の自己成就」という概念を提示した。マートンはそれを、銀行の取り付け騒ぎに適用している。すなわちA銀行が「危ない」という噂が立ち、多くの預金者がパニック的に預金の払い戻しを求めると、実際にA銀行が危なくなるというのがそれである。

宗教の何であるかを理解するのにも、「トマスの公理」は有用である。すなわち何かが「聖なるもの」であるのは、人々がそれを「聖なるもの」と認識するからである。そこではまさに、状況の定義によって状況そのものが規定されている。バウマンは強いコミュニティ意識の生成を問題にするにあたり、「トマスの公理」を援用している。「現実にある個人の弱さや脆さを、コミュニティの（想像上の）潜在力に作り替えることで、保守的なイデオロギーや排他主義的な語用論《プラグマティクス》が生み出される。言葉が肉体と化し、想像のコミュニティが相互依存のネットワークを生み出して現実化し、トマスの有名な法則が働くとき、保守主義や排他主義は不可避である」（『コミュニティ』）。そこでバウマンが言うことは、宗教的なコミュニティにもそのままあてはまる。人々は「聖なるもの」の名の下に、一つに結束する。かれらのコミュニティ的な結合を支えるのは、「聖なるもの」をめぐる儀礼である。

もっともグローバル化と個人化の時代には、儀礼も複雑な様相を呈する。今日において人々の関心を集めるものに、種々の自己啓発本がある。ほとんどそれは、バイブル的な存在と言ってよい。それらの書物には読者を引きつけるべく、魅力的な標題が付けられている。『思考は現実化する』『7つの習慣』『スタンフォードの自分を変える教室』『嫌われる勇気』『君たちはどう生きるか』……。これらはいずれも、自己啓発的な文脈で近年多くの読者を得ている書物である。それに接することで読者が求められるのは、自己を変革したり演出したり証明したりすることである。読者はそこで、きわめて個人的に自己啓発に努めているように映る。しかし読者は、自分には多くの「仲間」がいることを知っている。その意味では自己啓発本の読者集団は、宗教的なコミュニティに類比しうる一面をもっている。自己啓発に努めることで人々は、今日にふさわしい宗教的な儀礼を行っているのである。

## 生活のリズム

一般に子どもは、宗教に対して無防備《オープン》な存在である。たとえば子どもAが、カルト（と一般に見なされている）教団Bに属する両親のもとで生まれ育ったとしよう。その場合Aは、無意識・無自覚のうちにBのメンバーになる（である）ことが想定される。たしかにそれは、一つの極端な事例である。しかし一定の集団（家族・地域・民族など）のなかで生まれ育つことは、その集団に固有の宗教的儀礼あるいは慣習を身に付けることと基本的に等価である。その上でここでは、わたしの子ども時代（中学・高校時代を含む）の宗教的経験を振り返りたい。わたしはここで、自分の経験を一般化するつもりはさらさらない。読者の皆さんに子ども時代の宗教的経験を思い起こしていただくための糸口として、自らの乏しい経験をさらそうというだけである。もっともわたしは、それについて別の著作（『社会学』）でも書いている。すでにそちらをご覧の読者には、重複をお詫びしなければならない。

わたしは子ども時代を、奈良盆地のなかの小都市で過ごした。実家は古屋《ふるや》で、台所の片隅には竈《かまど》が残っていた。そしてまた風呂は、最初のころ薪で沸かしていた。その近傍には取り合わせよく、「火迺要慎《ひのようじん》」のお札が貼られていた。わたしは兄と、風呂の空焚きで火事を出しそうになったことがある。わたしは身をもって、火の恐ろしさを実感することになったのである。台所と反対の位置には薄暗い汲み取り式の便所があり、用を足すにはそこへ行く必要があった。夜間そこに通うことは、わたしにとって闇の恐ろしさを実感する機会となった（日本民俗学によれば「便所の神（厠神《かわやがみ》）」をめぐる信仰が、日本全国で行われてきたとのことである。その背景には闇を恐れる心意があったのではないか、とわたしは思っている）。それと同じく薄暗い仏間の仏壇にご飯をお供えに行くことも、少々気味の悪い仕事であった。それはまさに、闇の恐ろしさとともに死の恐ろしさを実感する機会であった。

子どもは「文明化」される以前の存在として、「未開人」と同義である。子ども時代のわたしの火や闇をめぐる経験は、きわめて素朴なものである。しかしそれは、わたしにとって最初の宗教的経験をかたちづくっている。小学校に入ってわたしは、毎日規則正しい生活を送ることになった。とりわけ印象に残るのは登校してから下校するまで、種々の音楽が生活のリズムを刻んでいたことである。わたしが現在勤務している大学では、授業の開始と終了を告げるチャイムとして「ウェストミンスターの鐘」が流れる。わたしの小学校時代にもそれが、生活のリズムを刻んでいたのではないかと記憶する。「ウェストミンスターの鐘」はケンブリッジのグレート・セント・メアリー教会のチャイムを原曲として、一九世紀中葉にロンドンのウェストミンスター宮殿（英国議会議事堂）に付属する時計台の大時鐘（通称ビッグベン）のチャイムとして毎日正午に奏でられるようになったとのことである。

それが第二次世界大戦後、日本の学校や職場でチャイムとして採用されるようになったわけである。宗教は本来、人々の生活の一元的な管理を目ざしている。儀礼はまさに、そのための一つの手段である。一般に儀礼が詳細な時間割をもっているのは、信者の生活を合理的に編成しようとする宗派や教団の意思の表明以外のものではない。わたしの小学校時代に話を戻せば「未開人」としてのわたしは、にわかに「文明化」された生活を送ることになった。そのことを象徴するものこそが、「ウェストミンスターの鐘」であった。学校生活のリズムが儀礼によってかたちづくられるのは、中学や高校でも同じであった。わたしは中学・高校時代を、奈良の東大寺の山内《さんない》にある学校で送った。その学校の生徒は登下校時に、お寺の本尊である盧舎那仏《るしゃなぶつ》像（通称大仏）に向かって脱帽し一礼するという日課を励行していた。いまとなってはそれが、朝礼と終礼に対応する儀礼であったことは明らかである。

N・エリアスは『文明化の過程』で、「文明化」の過程がヨーロッパにおいてどのように進行したかを解き明かしている。エリアスによれば「文明化（civilization）」とは、人々が「礼儀（civility）」に適った行動様式をとることである。すなわちそれは、人々が生理的・本能的な欲動を制御することに対応している。そのような関心からエリアスは、宮廷社会の「礼儀」が社会全体へ浸透していく過程を丹念に辿っている。興味深いのはエリアスが、「文明化」の過程を「大人になる」過程と類比していることである。たしかに子ども時代にわたしが経験したことも、一つの「文明化」の過程であった。わたしは学校生活を通じて、儀礼的な行動様式を植え付けられた。それはまさに、近代史の総体を個体史のなかで再現したようなものである。さきに述べたようにそれは、近代におけるイニシエーションとしての意味をもつ。同時にそこには、宗教的な儀礼の痕跡がはっきりと刻み込まれている。

ギリシア北東部のエーゲ海に突き出したハルキディキ半島の先端から分岐した三つの半島のうち、東端の半島がアトスである。そこは急峻な山々からなり、いまでも船でしか渡ることができない。古来アトスは、ギリシア正教の聖地として歴史を刻んできた。とりわけそこでは、いまでも二千人ほどの修道士たちが女人禁制・自給自足の宗教的コミュニティを営んでいる。と書くとかれらは、いかにも儀礼によってがんじがらめに縛られた生活を送っているとの印象を与えるかもしれない。たしかにギリシア正教徒によるアトス巡礼記を読むと、修道士たちはそこで規律正しい生活を送っている。その一方でかれらの間には、男同士の（homosocial）強い「人間の絆」がある。トータル・インスティテューションに関するゴッフマンの表現を借りればここでも、公式的な規則が非公式的な調整を受けているのである。——さて次章以降も、新たな主題を通して宗教社会学的考察を続けることにしよう。

# 5章

# 政治

## ユートピアの思想史

# アウトサイダー

テオ・アンゲロプロス監督の『旅芸人の記録』(原題『旅芸人』)が日本で公開されたのは、四〇年近くも前である。おまけにそれは、四時間に近い大作である。残念ながら今日の若い世代の人々が、それを見る機会はほとんどないのではないかと想像する。それでもそれは、社会学的に政治に接近しようとする際にいまでも示唆に富む作品である。『旅芸人の記録』は一九三九年から五二年までの、つまりは第二次世界大戦の前後の十数年間のギリシアを作品の舞台としている。この間ギリシアが政治的にきわめて不安定であったことは、他の多くの国々の場合と同様である。必ずしもわたしは、その間のギリシアの政治史に通暁しているわけではない。しかし映画が「時代を映す鏡」であるならば、映画を通して時代に接近していけば十分である。『旅芸人の記録』で主人公にあたるのは、文字通り十数名の旅役者の一座である。一座のメンバーは政治的な混乱のなかで、種々入れ替わっている。

しかし一座が、全編を通して主人公の位置を占めていることに変わりはない。当初一座の座長を務めていたのは、アガメムノンである。作品のなかでかれは、一九一九—二二年のギリシア＝トルコ戦争に従軍し、敗走したときの経験を述懐する(この戦争を通じてギリシアは、小アジアの領土を失った)。「わたしは小アジアから、難民としてギリシア本土に辿り着いた」。その後かれが、旅役者として一座を構えるにいたる経緯は明らかにされていない。しかし二〇年ほどのち、かれとかれの一座のおかれている状況は「難民（refugee）」と大差がない。というのも一座は、食うや食わずの境遇で町から町へと旅興行を続けているからである。難民とは定義上、政治的・経済的その他の事情で元々の居住区域を追われた人々のことである。その意味では『旅芸人の記録』の旅役者たちは、本来の意味での難民ではない。しかしかれらは、終始一貫アウトサイダー（部外者）の位置におかれている。

そのことを象徴するのは、一九四四年の十二月事件をめぐる一連のシーンである。ギリシアは一九四一―四四年の間、ナチス・ドイツの占領下におかれた。この間ギリシア国内では、左派勢力を中心的な担い手とするレジスタンスが続けられた。一九四四年一〇月にドイツ軍がギリシアから撤退するとともに、イギリス軍がギリシアに上陸した。かくしてギリシアは、ナチスの支配から解放された。しかしそれは、新たな内戦の開始を告げる一幕にすぎなかった。十二月事件とは一九四四年一二月三日、アテネのシンタグマ広場で左派勢力のデモ隊に警察部隊が発砲した事件である。これを契機として左派勢力と政府軍・イギリス軍の間で戦闘が開始された。『旅芸人の記録』ではそれは、こう描かれている。人々が広場で解放を祝していると、一発の銃声が鳴り響く。人々が広場から走り去ると、諸勢力による戦闘が始まる。たまたま居合わせた旅役者たちが、その戦闘のなかを右へ左へと逃げ惑う。

かれらはまさしく、政治的な諸勢力の間のアウトサイダーなのである。いやそれについては、もう一歩踏み込んだ分析が必要である。『旅芸人の記録』の旅役者たちは必ずしも、政治的に無色の人々と言うわけではない。たとえばかれらのなかの一人は、ナチスに与《くみ》している。その一方で多くの座員は、左派的な傾向をもっている（アガメムノンの息子は左派ゲリラとなり、内戦のなかで命を落とす）。元々『旅芸人の記録』は、一九七〇年代の軍政下のギリシアで撮られた作品である。政治的にそれが、左派的な傾向をもつ作品であることは明らかである。わたしは一九八〇年代の前半に、名画座でそれを見ている。その際監督の意図した通り、それに大いに共感したことを率直に認めるほかはない。それから今日まで、長い年月が経っている。この間左派的な言論に対する風当たりは、年々厳しくなってきている。わたし自身もより冷徹にそれに接するようになってから、一〇年以上の年月が経つ。

一本の映画をどう見るかというのは、それ自体一つの政治的な行為である。というのもそれは、ある立場に賛同したり反対したりすることと密接に結びついているからである。その意味では政治的な行為は、わたしたちの日常生活のなかに遍在している。社会学的に見れば政治とは、立場Aを支持する人々をどう糾合するかに関わる技術である。当然それは、立場Bとの継続的な闘争を内包している。したがって本来、宗教と政治は類同的である。いや元々、宗教と政治は一つのものであった。やがて両者が、それぞれ「聖なる世界」と「俗なる世界」に分断されていったにすぎない。その上で注意すべきことは、立場Aや立場Bが必ずしも万人を包摂しているわけでもないことである。実際には二つの立場の間に、どちらにも与しえない人々が多数存在する。もし政治の分析に社会学者や社会学徒の出る幕があるならば、そのようなアウトサイダーの存在に着目することではないかとわたしは思う。

## 「国民」の概念

ウェーバーは一九一九年一月、『職業としての政治』という演題で学生向けの講演を行った（歴史的にはそれは、帝政ドイツが第一次世界大戦に敗れたり、ドイツ革命が生じたりしている時期に行われた）。その冒頭かれは、こう述べている。本来「政治（politics）」は、さまざまな文脈で用いられる言葉である。しかしここでは、もっぱら「国家の指導、あるいは国家の指導に対して影響力を行使すること」という意味でそれを用いる。その上でウェーバーは、国家をこう定義する。国家とは「一定の領域において、正当な物理的暴力を行使しうる唯一のコミュニティ」である。そしてまたかれは、政治を改めてこう定義する。政治とは「複数の国家の間で、あるいは国内の諸集団の間で、権力の分け前を求めること、あるいは権力の配分に影響を及ぼすこと」である。一言にして言えば国家とは「暴力装置」であり、政治とは「権力闘争」である、というのがそこでのウェーバーの主張である。

このようなウェーバーの主張は一世紀後の今日でも、社会学の内外で広く受け入れられている。しかしまたそれが、非常に誤解を招きやすい主張であることも事実である。さきの国家の定義においてウェーバーは、「正当な（legitimate）」という限定を「物理的暴力」に付している。つまりは暴力あるいは権力の行使は、つねに「正当化（legitimize）」される必要があるというのがウェーバーの主張の眼目である。実際かれは、そこで続けてこう言う。本質的には国家は、正当な権力の行使に基づく支配関係である。国家の存立のためにはAがBを支配するだけではなく、BがAに服従することが必要である。かれはそこで、有名な支配の三つの類型を提示した。それはまさに、何に支配の正当性の根拠をおくかに基づく支配の分類である。すなわち①慣習に基づく伝統的支配、②特定の指導者の天与の資質（カリスマ）に基づくカリスマ的支配、③法に基づく合法的支配、の三つがそれである。

それらの三つの類型は何に支配の正当性の根拠をおくかによって、まさに三者三様である。しかし人々が「何かに服従する」という構造自体は、それらに共通している。このうち②カリスマ的支配は、宗教と密接な関係にある。元々「カリスマ」の概念は、宗教に由来しているからである〔3章教団〕。それでは伝統的支配や合法的支配は、宗教とまったく無縁のものであろうか。①伝統的支配の基礎をなすのは、一定の集団のなかで長年遵守されてきた慣習である。そしてまた③合法的支配の基礎をなすのは、国家において正当な手続きを通じて制定された法である。それらの規範は「正当」（あるいは「神聖」）なものとして、一定の領域のなかで認められている。しかしまたそれが、なぜ「正当」であるかは本質的には説明しえない。実際にはそれらは、一定の人々が「正当」と認めるがゆえに「正当」であると言うほかはない。わたしたちはそこに、規範のもつ自己言及的な構造を見て取ることができる。

それゆえに伝統的支配や合法的支配にも、固有の宗教的な構造が認められるとわたしは言いたいのである。伝統的支配や合法的支配を本質的に根拠づけているのは、一定の人々の社会的結合である。より具体的には伝統的支配においてはローカリズムが、合法的支配においてはナショナリズムが、規範（慣習や法）の本質的な根拠となる。ここではナショナリズムに焦点を当てて、さらに議論を進めることにしよう。アメリカの政治学者B・アンダーソンは『想像のコミュニティ』（邦題『想像の共同体』）で、「国民（nation）」が文化的な構築物――「想像のコミュニティ」――であるという視点を明快に打ち出している。そこでかれは、こう説く。「国民とは、イマジネーションに基づく政治的コミュニティである。それは、一定の地理的範囲内で、最終的な決定権をもつ存在として想定されている」。つまりは「国民」は、ナショナリズムの基盤の上に想像され、創出される概念であることがそこでは主張されている。

このような「国民」の概念の形成に際して活字メディアが大きな役割を果たした、とアンダーソンはとらえている。たしかに書籍や雑誌や新聞は、互いに一面識もない人々の間に仲間意識を醸成するのに魔術的な力を発揮したに違いない。そこではメディアが、文字通り人々を媒介する役割を果たしている。どうやら政治の規模とメディアの規模の間には、一定の対応関係があるらしい。たとえばローカルな政治はローカルなメディアによって、ナショナルな政治はナショナルなメディアによって、それぞれ裏打ちされている。まさしく宗教と同じく、政治もまた人々の結合を基盤として成立しているのである。わたしはここで、古典的な「神権政治（theocracy）」の構造が生きていることを強調したいわけではない。今日でも政治的結合は、宗教的結合とさして変わらない様相を呈している。そこには政治と宗教の根源的な一体性が映し出されている、というのがここでのわたしの関心なのである。

## 大衆運動

英語のpolitics（政治）はpolice（警察）やpolicy（政策）などと同じく、ギリシア語のpolis（都市）に由来する言葉である。つまりは「都市を統治すること」が、この言葉の原義である。プラトンの『国家』（原題は*Politeia*）は古代ギリシアにおいて、この都市の統治のいかにあるべきかを問題にした作品である。この古典的な作品は存外、いまでも現実性を保っている。プラトンはそこで、理想の国制を提示する。具体的にはそれは、優秀者支配制（哲人の政治）をさす。つまりは優秀者が、独裁的に国家を統治するのがベストであると言うのである。その上でプラトンは、理想の国制と対比して現実の国制を四つに分類した。すなわちそれは、名誉支配制（軍人の政治）、寡頭制（富者の政治）、民主制（民衆の政治）、僭主独裁制（僭主の政治）である。それらは基本的に、理想の国制から逸脱した国制として理解されている。とりわけそこに、民主制が含まれていることは注目に値する。

プラトンによれば民主制の下では、自由の風潮が過度に広まり、無政府的な状況が生まれる。そのなかで僭主（tyrant）が、当初は民衆の擁護者として登場してくる（元々僭主は、実力によって政権を奪取した指導者を意味する）。しかし僭主は、やがて圧政者としての本領を発揮するようになるというのがそこでのプラトンの筋立てである。要するに民主制は、僭主独裁制に転化するリスクを内包しているというのである。プラトンはこう説く。「僭主独裁制はまさしく、民主制に由来するものである。高度な自由の状態から、劣悪にして野蛮な隷属の状態が生まれる」。一般にプラトンの民主制批判は、同時代のアテナイの政治動向を踏まえたものと理解されている。すなわち当時のギリシアには、すでにポピュリズム的（大衆迎合的）な政治動向があったというのである。そこでは「民衆の支配（demos+cracy）」としての民主制が、当初から大きな難題を抱えていたことが映し出されている。

思想史的に見ればプラトンのデモクラシー批判は、近代のマス・デモクラシー批判の系譜へとつながっている。たとえばバーク、トクヴィル、J・S・ミル、ニーチェ、オルテガなどの主張が、それにあたる。mass（「大衆」とも訳される）は元々、「大きな塊」を意味する言葉である。近代においてそれが、民衆のカテゴリーとして用いられるようになった。オルテガは『大衆の反逆』で、大衆を「凡庸な人々」と規定する。そのような人々が社会的権力の座に上がったことを、かれは「大衆の反逆」と呼ぶ。オルテガはそこで、自らの政治的中立性を強調している。しかしかれの主張が、政治的な意味合いをもたなかったわけではない。そこでは「大衆の反逆」の実例として、左右両派の直接行動がいずれも槍玉に上がっている。「大衆が、法を無視して直接的に行動し、物理的な圧力によって自分たちの願望や欲求を、人に無理強いしている」のが、デモクラシーの現況であるとかれは言う。

E・ホッファーは沖仲仕として働きながら、読書と著述に励んだアメリカの社会哲学者である。かれは『忠実な信者たち』（邦題『大衆運動』）のなかで、二〇世紀の大衆運動について思索を巡らせている。そこではボルシェヴィズム、ナチズム、ファシズム、シオニズム、ナショナリズムなどが、「大衆運動（mass movement）」の名の下に概括的に把握されている。ホッファーはこう言う。「あらゆる大衆運動は、その支持者のうちに、死をも厭わない覚悟と一致結束して行動する傾向を生み出す。それは、どのような方針を示そうと、どのような綱領を出そうとも、狂信、熱狂、熱望、憎悪、不寛容を育む。それはまた、生活のさまざまな場面で、たゆみなく力強い活動が展開できるよう、その支持者を動員することができる。それは、絶対的な信仰と献身的な忠誠を要求する」。要するに大衆運動は、宗教運動と大差のないものであるというのがそこでのホッファーの一貫した主張である。

率直に言って『忠実な信者たち』は、アフォリズム（格言）の集積のような書物である。したがってそこで、学問的に精緻な議論が展開されているわけではない。それでも著者は、そこで直観的洞察力を遺憾なく発揮している。たとえばホッファーは、ボルシェヴィキとナチスについてこう書く。「鎌と槌〔ボルシェヴィキの標章〕、鉤《かぎ》十字〔ナチスの標章〕は、ともに十字架と同類である。かれらの行進は、宗教的な行列のごとく儀式張っている。かれらもまた、信仰、聖人、殉教、聖地などを一式取り揃えている」。そこではボルシェヴィキとナチスが、教団と何ら選ぶところのない存在であることが鮮やかにとらえられている。デモクラシーは今日、最善ないしは次善の政治システムとして評価されるのが通例である。しかしそれは、恒常的にマス・デモクラシーに転化するリスクにさらされている。その意味では二千年紀以上も昔のプラトンの洞察は、いまも現実味を失っていないのである。

## 「千年王国」の信仰

一般に宗教は、「聖なる世界」を構築しようとする営みである。論理的にはそれは、「俗なる世界」との対抗関係において成り立つ。その際「聖なる世界」と「俗なる世界」が、はっきりと二分されているわけではない。したがって宗教的な営みは、日常的に「俗なる世界」との間に一線を引こうとする営みとなる。このような営みはそれ自体、固有の政治性をもたざるをえない。というのもそれは、一つの国家を樹立したり維持したりするのと同等の営みであるからである。たとえば釈迦（シャカ）は、シャカ族の王子として生まれ、一六歳で結婚し、一子を儲ける。しかし二九歳で出家し、修行生活に入る。一般に「出家」は、家庭生活を捨て、修行者の仲間に入ることを意味する。明らかにそこでは、家庭的なコミュニティと宗教的なコミュニティが対立関係におかれている。イエスが自分の実の母や兄弟ではなく弟子たちこそが「母であり、兄弟である」と説くのは、これと対応している。

修行生活のなかで釈迦は、悪魔の誘惑にさらされる。そしてそれを退けた上で、悟りを開いて、ブッダ（覚者）となる。イエスもまたヨハネから洗礼を受けたのちに、悪魔の誘惑を受ける。そしてそれを退けた上で、自らの宣教を始める。悪魔との対決はそこで、「聖なる世界」と「俗なる世界」の対立を象徴するものである。しかし悪魔を退けたからといって、かれらが「俗なる世界」と無縁の存在になったわけではない。釈迦が悟りを開くと、かれの周囲には弟子たちが集まってくる。すなわちかれは、教団を率いるようになる。そのことで釈迦が、政治的な問題に直面したであろうことは想像に難くない。教団の運営のために戒律が設けられたことは、そのことを物語っている。やがて多くの王たちが、釈迦の教えに帰依し、かれの教団に庇護を与えるようになる。それにしても釈迦とかれの教団の名声が高まるにつれて、世俗的な権力とどう関わっていくかは難しい課題となったはずである。

イエスもまた宣教開始後、教団を率いるようになる。そしてかれとかれの教団は、宗教論争の渦中に飛び込んでいく。イエスの主要な論敵となったのは、ファリサイ派の律法学者であった。かれらは当時のユダヤ教の主流派にして、律法遵守の立場をとっていた。イエスは伝道のなかで、かれらの形式的・偽善的な姿勢を厳しく批判した。その一方で世俗的な権力には極力関わらないことが、イエスの流儀であったように映る。納税についての問答のなかでかれが「皇帝のものは皇帝に、神のものは神に返しなさい」と答えているのは、その一つの証左である。やがてイエスは、ユダヤ教の指導者たちによって捕えられ、法廷に引き出される。最終的にかれの処刑を命じたのは、ローマ総督である。しかしそう仕組んだのは、ユダヤ教の指導者たちであったことを福音書は明記している。いずれにしてもイエスの死は、宗教者の活動がつねに政治性をもたざるをえないことを悲劇的に映し出している。

イエスは最初の説教で、「悔い改めよ。神の国は近づいた」と説いた（福音書によっては「神の国」を、「天の国」と記している）。いったい「神の国」の何であるかは、そこでは明示されていない。しかしそれは、人々の希望の道標であり続けてきた。その一方で「神の国」の信仰が、多くの惨劇を生んできたことも事実である。ここでは「千年王国（millenium）」を例にとって、それについて考えてみよう。「千年王国」とは新約聖書『ヨハネの黙示録』の叙述に基づくもので、「キリストが再臨ののち、地上にメシア王国を建て、最後の審判の前の一千年間そこを支配する」との信仰をさす。ユダヤ系イギリス人の歴史家N・コーンは『千年王国の追求』のなかで、この信仰が中世ヨーロッパの民衆の間に広がっていく過程を辿っている。コーンによれば「千年王国」の信仰は、「預言者」や「救世主」を自称する宗教的指導者と、かれらを支持した一般の大衆の共同作業《コラボレーション》の産物であった。

なぜ多くの人々が、この信仰に心を奪われたのか。その背景には①かれらが社会的に不安定な状況におかれていたことと、②かれらがそこから脱出したいと願っていたことがある、とコーンは言う。中世ヨーロッパでは理念にとどまらず、実際に「千年王国」を樹立しようとする運動もしばしば起こった。一五三〇年代にドイツの都市ミュンスターで創設されたコミューン（自治共同体）は、最も悪名高い「千年王国」である。それを創設したのは、再洗礼派の人々であった（再洗礼派は急進的なプロテスタントで、幼児洗礼を認めない立場をさす）。かれらは「千年王国」の名の下に、ユートピア（理想の国）の実現を目ざした。しかし現実は、理想とはかけ離れたものであった。すなわちそこでは、革命的指導者による恐怖政治がまかり通ることになった。結果的にかれらの「千年王国」は、一年ほどしか保たなかった。冷徹に言えば「神の国」は、まさしくユートピアにすぎなかったのである。

## ユートピア

トマス・モアは一五一六年、『ユートピア』を刊行した。元々「ユートピア（utopia）」は、そこでのモアの造語である。すなわちモアは、ギリシア語のou（not）とtopos（place）を結びつけて「どこにもない国」という意味でそれを用いた。実際そこでは、所在不明のユートピア島のことが記されている。その島では「国家の最高の状態」が実現している、と作者は説く。それはまさに、作者の構想したユートピア（理想の国）にほかならない。人間が構想力をもつ存在である以上、ユートピアの構想は歴史とともに古い。プラトンが理想の国制と対置して、現実の国制を批判したことについてはさきに書いた。それではいったい、プラトンの理想の国制はいかなるものか。端的に言えばそれは、エリートの支配と私有財産の否定を基軸とする体制として構想されている。つまりはエリーティズムとコミュニズムが、かれの「共和国（republic）」の中心的な理念であったと言うことができる。

この二つの理念は通奏低音のように、ユートピアの思想史を貫通している。その意味ではプラトンの「共和国」は、ユートピアの原型にあたると見られてよい。モアが――かれなりのエリーティズムとコミュニズムに基づいて――ユートピアを構想したのは、ちょうど宗教改革の時代であった。かれのユートピアと同時代の再洗礼派の人々の「千年王国」が類似しているのは、けっして偶然ではない。社会経済史的に見れば宗教改革の時代は、資本主義の黎明期にあたる。モアは『ユートピア』で、同時代のイギリスの状況についてこう書いている。「羊は、平生《へいぜい》は大変おとなしく、従順な動物ですが、昨今は、大変がつがつして、凶暴になっています。いまでは、羊が人間を喰い殺しています。田園も家々も都市も、いたるところ荒廃し、惨状を呈しています」。かれがここで、一六世紀にイギリスで起こった第一次の「囲い込み（enclosure）」のことを言っているのは改めて断るまでもない。

当時地主たちは、羊毛の需要を当て込んで、耕地（小作地）や野原（共有地）の牧場化を推し進めていた。この動きは牧場の周囲を柵で囲い込んだことから、「囲い込み」と呼ばれる。土地を追われた農民たちは、その後どうしたか。結果的にかれらは、労働者になるか浮浪者になるしかなかった。さきの一文でモアが告発しているのは、そのような動きである。マルクスは『資本論』第一巻第二四章「いわゆる本源的蓄積」で、このモアの告発に触れている。イギリスでは「囲い込み」によって、大量の労働者が生み出された。その意味で「囲い込み」は、資本主義の発展に貢献したというのがマルクスの主張である。モアの時代から三世紀後の産業革命の時代に、サン＝シモン、フーリエ、オウエンなどは各々独自の社会システムを構想した。産業革命の時代はまさに、資本主義の本格的な成立期にあたる。サン＝シモンたちの目には新興の資本主義は、種々の矛盾を孕んだシステムと映った。

それらの矛盾の解消のためにかれらは、社会主義的システムを考案したのである。サン＝シモンたちのことを「ユートピア社会主義者」と呼んだのは、マルクスの盟友エンゲルスである（『空想より科学へ』）。かれらがユートピア的であるのに対してマルクスや自分たちは科学的であるというのが、その呼称に込められた含意である。たしかに過去には、マルクスやエンゲルスの思想体系（以下、マルクス主義と略記）が科学的であると多くの人々が信じた時代もあった。しかし今日では、マルクス主義はユートピア的であるということが人々の共通認識となっている。コーンは『千年王国の追求』で、マルクス主義がキリスト教の終末論に取って代わるかたちで現れたこと、そのマルクス主義自体も終末論の思想的パラダイムのなかにあることを指摘している。コーンが一九六〇年代に——マルクス主義がいまだに大きな影響力を保っていた時代に——そう指摘しているのは、一つの炯眼《けいがん》である。

フランスの歴史家S・クルトワらは一九九〇年代に、『共産主義黒書』を著した。その序文でクルトワは、そこでの問題の構図を提示している。かれによれば共産主義は、ユートピアの思想として長い歴史をもっている。二〇世紀においてそれが、各国での革命を通じて統治システムとして実現した。しかし——冷戦終結を経て——いまでは、共産主義の犯罪的側面が露わになっている（ちなみにクルトワは、二〇世紀の「共産主義の犯罪」の犠牲者数を約一億人と推計している）。規模の大小を別にすればそれは、さきの再洗礼派のコミューンを連想させるものである。宗教は元々、ユートピアと切っても切れない関係にある。そしてそれは、政治についてもあてはまる。パーソンズが説くように政治が「人々を動員して目標の実現を目ざす」活動であるとすれば、ユートピアを抜きに政治は語りえないからである。そのユートピアが「どこにもない国」であることは、通常は人々に隠されている。

## 日本の左派

政治的なスペクトラム（勢力の分布）をとらえるための代表的な指標として、「左派（あるいは左翼）」と「右派（あるいは右翼）」の分類がある。フランス革命期の議会では議長席から見て、議場の左側に革命派・急進派の議員が、右側に王党派・穏健派の議員が陣取っていた。いまでも政治的な場面で、進歩派を「左派」、保守派を「右派」と呼ぶのはこれに由来している。もっとも何が「左派」で、何が「右派」であるかは、つねに相対的な問題である。イギリスの政治家・思想家E・バークはフランス革命勃発の直後に、『フランス革命の省察』を著した。一般にそれは、保守主義の誕生を告げ知らせる記念碑的な作品と理解されている。それはまさに、保守主義が進歩主義との対抗関係のなかで誕生したことを物語っている。おそらくバーク当人に、「右派」の論客としての自己認識はなかったであろう。しかしかれを、遠慮なく「右派」のカテゴリーに放り込むのが政治の力学である。

日本で左派陣営の中枢を長く担ってきたのは、マルクス主義である。元々それは、西洋から流入した外来思想である。何もマルクス主義だけが、そのような来歴をもっているわけではない。福沢諭吉は明治初頭に、当時の洋学者についてこう書いた。「方今《ほうこん》我国の洋学者流、其前年は悉皆《しっかい》漢書生ならざるはなし、悉皆神仏者ならざるはなし。……恰《あたか》も一身にして二生を経るが如く一人にして両身あるが如し」（『文明論之概略』）。そこでは明治以降の日本の思想が、「西洋的なもの」に基軸をおいていることが――その起点において――はっきりと語られている。もちろん「西洋的なもの」に対して、「日本的なもの」を強調する思想がなかったわけではない。しかし「日本的なもの」は、「西洋的なもの」との対抗関係のなかで把握されている。したがって「西洋的なもの」が、そこでの思想の基軸をなしていることに違いはない。さてマルクス主義は、どのようにして日本に根を下ろしたのか。

イデオロギーはマルクス主義の鍵概念の一つで、人間の思想は社会的な文脈に制約されているとの着想に立つ。とりわけそこでは、敵手の党派性を暴露することが重要な課題となる。K・マンハイムは『イデオロギーとユートピア』のなかで、このマルクス主義のイデオロギー概念そのものが党派性をもつことを指摘した。すなわちマルクス主義の場合、自己の立場を絶対化した上で敵手の立場を問題化する傾向が明瞭であるというのである。もちろんそれは、いかなる思想にもある程度認められる傾向であるに違いない。しかしマンハイムの指摘の通り、そのような独断的傾向がマルクス主義において顕著であることも事実である。わたしたちはそこに、マルクス主義の宗教性を見いださないわけにはいかない。すなわちそこでは、学祖と教祖の、学理と教理の、学派と教派の取り違えが生じがちである。マルクス主義の内部でしばしば正統・異端論争が展開されるのも、宗教の場合と同じである。

日本においてもマルクス主義は、各時代を通じて固有の宗教性を保ち続けてきた。そのことを後押ししたのは、マルクス主義が外来思想としての来歴をもつことであったように思う。『社会学の歴史』でわたしは、日本の思想のなかに二つの分裂的傾向があることを指摘した。すなわちそれは、「理論優位」の傾向と「現実優位」の傾向である（念のために言えばそれは、丸山眞男の議論に示唆を得ている）。そこでは日本の思想において、理論（theory）と現実（reality）が健全な関係をもちにくいことを問題にしている。このうち日本のマルクス主義と第一義的に関わるのは、「理論優位」の傾向である。「理論優位」とはそこで、理論がそれ自体として――現実との十分な交渉を欠いたかたちで――尊重される傾向をさす。それはまさに、日本のマルクス主義を全体的に貫く傾向であると言わねばならない。理論がそれ自体として尊重されるとき、そこに宗教的な態度が生じるのは必然である。

もっとも「理論優位」の立場が、いつまでも安泰というわけではない。たとえば政治的な弾圧の下で、特定の理論的立場をとることが困難になる状況も想定しうる。一九二〇年代から三〇年代にかけて日本のマルクス主義者が直面した状況も、それに相当する。かれらの多くは政治的な弾圧の下で、従来の理論的立場を放棄することを強いられた。一般にそれは、「転向（conversion）」と呼ばれている。「転向」は「回心」の類義語で、宗教性の濃厚な言葉である（わたしたちはそれから、キリシタンの「転び」を連想しないわけにはいかない）。その意味では「転向」は、マルクス主義そのものの宗教性を映し出している。その後マルクス主義者の多くは、「現実優位」の立場へ転換していくことになった。ここで「現実優位」というのは、「あるがままの現実」に密着しようとする態度をさす。しかし客観的に見れば、そこでの「あるがままの現実」はそれ自体一つの理論的構築物にすぎない。

漢字の「政」は元々、「他国を攻撃し支配する」ことを意味する文字であるという。すなわちそれは、権力的な意味合いが濃厚な言葉ということになる。この「政」を「まつりごと」と読むのは、完全な和語である。これによって「政」には、平和的な意味合いが込められることになった。もっとも本章で述べた通り、「権力はつねに正当化を要する」というのが社会学の立場である。そしてまた「祭事」も、権力維持の一つの方策と見るべきであろう。権力者は古来、各種の祭典の開催を好んできた。祭典を通じて人々の間で一体感が高まることは、権力者にとっても望ましいからである。そのような広義の「祭政一致」の構造がいまも健在であることは、ほとんど縷言を要しない。――マルクスは『資本論』のなかで、商品や貨幣の呪物性（fetish character）について書いている。政治と同じく経済も、宗教と深い関わりをもつらしい。わたしたちは次に、経済について考えてみることにしよう。

# 6章

# 経済

## われらは神を信じる

## 丸餅

わたしは元々、奈良県の出身である。そしていまは、神奈川県で暮らしている。いまでは日本全体が、現代的な生活習慣に染まっている。したがって日本各地の生活習慣の違いを、民俗学的に問題にしようとする気にはなかなかなれない。しかし時々、そのような生活習慣の違いを実感することもなくはない。たとえばわたしの場合、出生地では正月に丸餅をいただいていた。しかし現住地では、正月の餅は角餅である。民俗学者によれば正月の餅は、関西では丸餅、関東では角餅が多いとのことである。わたしの場合正月の餅は、近年まで実家から送ってもらっていた。したがってわたしにとって、正月の餅はずっと丸餅であった。この丸餅についてわたしは、「いただく」という表現を用いた。何となくそれを、「食べる」とは書きにくかったからである。いったい餅は、だれから「いただく」ものか。おそらく餅は、神から「いただく」ものという心意がそこでは働いているのであろうと思う。

兵庫県（出生時は飾磨《しかま》県）の出身である柳田國男にとっても、餅は丸餅でなければならなかったらしい。というのも柳田は、「なぜ餅を円形に拵《こしら》えるのか」を問うているからである（『食物と心臓』）。とりわけそこでは、なぜ鏡餅を中高（円錐形）に拵えるのかが中心的な問いとなっている。それについて柳田は、餅は心臓を象ったものではないかという仮説を提示する（かれによればそれは、握り飯を三角に結ぶことにもあてはまる）。すなわち人々の呪術的心性において、食物と心臓は

――どちらも最も重要なものであるから――同じ形状でなければならなかったというのである。「飽食の時代」と呼ばれる今日にあって、食物の重要性は次第に忘れ去られつつある。その意味ではさきの柳田の所説は、わたしたちにとって頂門の一針となるものである。しかしここでは、柳田が提示するもう一つの仮説に注目したい。すなわち餅については、私的所有が認められていたというのがそれである。

今日でも食（eating）は、共同性の濃密な領域である。たとえば家族は日々食卓を囲むことで、その共同性を保っている。その一方で今日では、食の個人化の傾向も明瞭である。いったいそれは、どのようにして生じてきたのか。柳田によれば家族のなかで、人数分の餅を神にお供えしたのち、各人が自分の餅をいただくという習俗が全国各地にあったという。柳田はそこに、食の個人化の端緒を見いだしている。今日ではお年玉は、お金でもらうのが普通である。しかしそれを、お餅でもらう時代もあったらしい。食物としての餅は、扱いが手軽で、保存がきくという特性をもっていた。そして餅よりも「扱いが手軽で、保存がきく」ものはと言えば、貨幣である。その意味ではお年玉の餅は、貨幣と同等の機能を果たしていた。ちなみに「玉」は、（「魂」や「霊」と同じく）霊力を宿すものを表している。そしてまたそれは、（「うどん玉」や「お玉杓子」と同じく）一人分を表す言葉でもある。

この柳田の研究の延長線上で私的所有の問題に取り組んだのが、柳田門下の倉田一郎である。それに関する倉田の論稿は、遺稿集『経済と民間伝承』に収められている。倉田はそこで、経済的な場面での「私」の発生――たとえば土地が、いかにして私有されるようになったか――を問題にしている。倉田はそこで、土地の所有について三つの段階を提示している。すなわち①神有の段階、②共有の段階、③私有の段階、の三つがそれにあたる。もっとも本書の関心では、①の神有地と②の共有地の差異はあってないようなものである。というのも「神有地」を「神有地」として成り立たせるのは、人々の共通の信仰以外のものではないからである。それでは公有地（神有地ならびに共有地）から私有地への移行は、いかにして進行したのか。もちろんそれは、経済史の文脈でも別途検討されてしかるべき主題である。おそらく経済史家であれば、その背景にコミュニティの解体を見て取るであろう。

しかしそこでの倉田のアプローチは、あくまでも民俗学的である。倉田によれば土地の占有に際しては、何らかの占有標を立てたりおいたりすることが一般的であったという（それと同じことは、財物の占有についてもあてはまる）。その名残は今日でも、占有したい座席の上に荷物（目印）をおくといった行為に認められる。占有標はそこで、特定の占有地と占有者を結びつける機能を果たしている。そこではあたかも、両者の間に目に見えない糸があるかのようである。そのような占有地と占有者の呪術的な結びつきを人々が認めることで、私的所有は成り立っている。『経済と民間伝承』で倉田は、漁撈や狩猟の獲物の分配についても紙数を割いている。基本的にそこでは、さきの柳田の所説と同様の議論が展開されている。すなわち各人の取り分は、神からの賜物（タマ）として位置づけられていた。これらの民俗学的な所見の示唆することは、経済と宗教の根源的な一体性にほかならない。

## 自己調整的市場

オーストリア出身の経済学者K・ポランニーは『大転換』で、西洋近代に固有の一つの政治経済システムが一九世紀に成立するとともに、それが二〇世紀前半にかけて崩壊する過程を壮大に描き出している。その政治経済システムは①列強間の勢力均衡システム、②国際金本位制、③自己調整的市場、④自由主義国家、という四つの下位システムから成り立っていたとポランニーは説く。このうち①と④は政治的なシステムであり、②と③は経済的なシステムである。そしてまた①と②は国際的なシステムであり、③と④は国内的なシステムである。そのなかで③の自己調整的市場が、一九世紀的な政治経済システムの「源泉にして基盤であった」とポランニーは説く。かれの言う自己調整的市場は、今日一般に「市場メカニズム」と呼ばれるものと基本的に等価である。すなわちそれは、各人が市場において自由に取引することで財やサーヴィスの需要と供給が自動的に調整されるシステムをさす。

市場メカニズムの根幹をかたちづくるのは、価格メカニズムである。各人は市場において、財やサーヴィスの価格をもとに取引を行う。この価格の変動によって財やサーヴィスの需要と供給が自動的に調整される、というのが価格メカニズムである。もっとも市場メカニズム（あるいは価格メカニズム）は、それ自体一つの理論的モデルにすぎない。近代経済学は長きにわたって、この理論的モデルを前提として構築されてきた。言い換えれば市場メカニズムは、経済学的思考の自明の前提となってきた。第三者の目にはそれは、ほとんど宗教的な信念と大差がない。その一方で異端的な経済学者たちは、主流派の理論と現実の乖離を問題化することに余念がない（その異端派のカテゴリーには当然、マルクスも含まれる）。明らかにポランニーもまた、そのような異端派の一人であった。実際かれは、『大転換』のなかで「自己調整的市場は一つの理論的ユートピアにすぎなかった」と断じている。

それではポランニー自身は、経済をどのようなものとしてとらえていたのか。『大転換』でかれは、社会が経済のなかに埋め込まれているのではなく、経済が社会のなかに埋め込まれている（embedded）という見立てを提示している。たとえば労働（人間）や土地は、それぞれ固有の社会関係と密接に結びついている。したがってそれらを単純に一つの商品としてとらえることには、大きな無理があるとポランニーは説く。あるいはまたかれによれば、一九世紀以降の歴史は市場が必ずしも自己調整的でないことを明確に物語っていた。すなわち市場は、つねに不安定であり、政治的な介入なしにはけっして存続しえなかった。スミスの有名な喩えを借りれば、「神の見えざる手」による調和は実現しなかったのである。自己調整的市場の理想は今日でも、いわゆる新自由主義の言説のなかに生き続けている。そしてそれが一つのユートピアにすぎないことは、いまでは白日の下にさらされている。

アメリカの社会学者R・コリンズは『社会学的洞察力』（邦題『脱常識の社会学』）のなかで、人々の合理的な選択が非合理的な関係に依拠していることを縷々説き明かしている。たとえばコリンズは、「契約はいかにして可能か」を問題にする。市場における人々の取引が一定の契約の上に成り立っていることは、いま改めて断るまでもない。したがって契約は、市場メカニズムが順調に機能するのになくてはならない条件である。それではいったい、契約はいかにして可能か。それについてコリンズは、契約には前契約的基礎があると言う。すなわち契約は、たんに表面的・明示的な契約にはとどまらない。同時にそれは、「契約を守る」という根源的・黙示的な契約をも内包しているというのである。それはまさに、次のことを示唆している。もし人々の間に一定の信頼関係がなければ、取引そのものが成立しえない。コリンズが「合理性の非合理的基礎」と呼ぶのは、このような構造をさす。

そこでの自らの主張がデュルケームに依拠していることを、コリンズは明言している。たしかに『社会分業論』で、デュルケームはこう説いている。もし社会的な拘束力がなければ、契約の当事者に契約を守らせることはできないであろう。言い換えれば経済的な関係の根底には、社会的な関係があるというのがそこでのかれの主張である。この社会的な関係の実質をデュルケームは、人々の共同意識に求めている。元々それは、宗教の領分であった。しかし近代化とともに、その領分が狭まる。それと同時に各人の自立性が高まり、人々の共同意識が弱まる。かくしてアノミー（無規制）状況が出現する、というのがデュルケームの見立てであった。ここでの文脈ではそれは、自己調整的市場の不安定性をめぐるポランニーの主張とも呼応している。人々は宗教的な結合から離脱することで、経済的な自由を手に入れた。しかし「神のご加護」を失うことの代償も、ことのほか大きかったのである。

## 魔術的世界

フランスの社会学者・民族学者M・モースはデュルケームの甥っ子にして、デュルケームの学問的後継者でもある。すなわちモースは、デュルケームの理論的な影響下で独自の社会学的・民族学的研究を展開した。ここでは宗教社会学の文脈で、モースの主著『贈与論』を読み解きたいと思う。その序論でモースは、こう説く。伝統社会においては取引全般が、近代的な意味での経済的取引の形態をとらなかった。すなわちそこでは、贈与（gift）が取引の基本的な形態であった。モースによれば伝統社会においては、たんに各人の間で財やサーヴィスが交換されていたわけではなかった。すなわちそこでは、取引の主体は個人ではなく集団であった。それゆえにそこでは、取引全般が社会的な文脈のなかにしっかりと組み込まれていた。そこから贈与をめぐる最も重要な特性が生じる、とモースは説く。すなわち給付と反対給付の全般が、社会的な義務として位置づけられていることがそれである。

より具体的にはそこでは、①AがBに贈り物をし、Bがそれを受け取ること、②BがAに贈り物を返し、Aがそれを受け取ることがともに社会的な義務として位置づけられている。モースはそれを、「全体的給付のシステム」と呼ぶ。『贈与論』でモースは、ポリネシア、メラネシア、アメリカ北西部などにおける贈与の形態を問題にしている。基本的にそれは、二次的な資料（他の人類学者や民族学者の仕事）に依拠した研究である。その際世界各地の贈与の形態を分類することに、かれの関心があったわけではない。贈与の比較研究を通じて「贈与とは何か」を明らかにすることにこそ、そこでのモースの固有の関心はあったと言わねばならない。モースによれば「全体的給付のシステム」の純粋型は南太平洋の島々や北アメリカ北部の部族内の胞族《フラトリー》（中間集団）間の協力関係に、その発展型はアメリカ北西部の先住民の間で行われる「ポトラッチ」と呼ばれる競争関係に、それぞれ認められる。

「ポトラッチ（potlatch）」は元々、北アメリカ先住民の言葉（原義は「贈答」）に由来する。それを人類学の一般的な用語にしたのは、モースの功績ということになっている。すなわち人類学では、集団間で競争的・闘争的に行われる贈与をさして「ポトラッチ」と呼ぶ。この場合贈与には、集団（とりわけ集団の指導者）の名誉や威信がかかっている。それについてモースは、こう説明する。そこでは財やサーヴィスに、霊的な力が宿っている。すなわち贈与を通して、送り手は受け手を支配する。この支配関係から脱するために受け手は、同等以上の財やサーヴィスを送り手に返さなければならない。モースによれば「全体的給付のシステム」――贈与関係――全般が、「ポトラッチ」と同様の論理で貫かれている。そこでは財やサーヴィスは、単なる（経済的な意味での）財やサーヴィスにとどまらない。それらは一個の記号として、人々の社会関係を制御する役割を果たしているのである。

一九七〇年代から八〇年代にかけて社会学界を席捲した言説に、消費社会の理論がある。文字通りそこでは、現代社会が「消費社会」としての相貌をもつことが指摘された。その際社会学者たちが依拠した立場は、『贈与論』でのモースの立場に近い。フランスの社会学者J・ボードリヤールの『消費社会の神話と構造』は一九七〇年代初頭に、消費社会の理論の地平を切り開いた作品である。その冒頭ボードリヤールは、こう説く。「豊かさ」のなかで人々は、モノ（objects）に取り巻かれて暮らしている。モノはそこで、たんに実用性をアピールしているのではない。それらは集合的に、各種のライフスタイルを人々に提示している。要するにモノは、一つの記号として社会的に機能しているというのである。わたしたちはそこから、モースの『贈与論』を連想しないではいられない。すなわちモノが、霊的な力をもって人々の前に立ち現れるというのが消費社会の理論の提示する世界像である。

これまで社会学界に、それと同様の主張がなかったわけではない。たとえばヴェブレンの「誇示的消費」の概念は、消費社会の理論の先駆けにあたる（『有閑階級の理論』）。あるいはまたリースマンの「他人指向型」についても、それと同等の評価が可能である（『孤独な群衆』）。もっとも一九七〇年代から八〇年代にかけての消費社会の理論は、その言説の過剰性と冗長性において際立っていた（それはまさに、消費社会におけるモノの様相と酷似していた）。宗教社会学の文脈ではそれは、どのように読み解きうるか。注目に値するのは消費社会の理論では、現代社会が一つの魔術的世界として把握されていることである。すなわちそれは、スペクタクル化し、カーニヴァル化し、ディズニーランド化した社会の様相をさす。そこでは人々の間に、モノを媒介として一時的・刹那的な結合が成立している。わたしたちはそこに、今日における宗教的結合の一つの形態を見いだすこともできる。

## フェティシズム

フェティシズムは元々、宗教学や人類学の用語である。すなわちそれは、何らかの事物を「聖なるもの」として信仰する態度をさす。一般にそれは、「未開宗教」に特有の心的態度と理解されている。しかし「高等宗教」のなかにも、フェティシズムは認められる。たとえば教祖や聖人の遺骸や遺品を崇敬の対象とすることは、フェティシズムそのものである。おそらく「高等宗教」は、自らの内なるフェティシズムを認めることはないであろう。しかし宗教が「聖なるもの」への信仰のシステムである限り、宗教とフェティシズムは切っても切れない関係にあると言わねばならない。

心理学では事物に性的魅力を感じる心的機制をさして、フェティシズムと言う。一般にそれは、性的倒錯の一種と理解されている。今日の消費社会はモノの記号化に際して、フェティシズムをも取り込んでいる。たとえば特定の事物を、「セクシー」「かわいい」などと評価するのはフェティシズムそのものである。

フェティシズムの概念を経済学の領域に持ち込んだのは、マルクスである。すなわちマルクスは、『資本論』の冒頭で資本主義社会におけるモノの基本形態が「商品」であること、その「商品」が呪物的な（fetish）性格をもつことを指摘した。マルクスはそこで、労働価値説に立っている。すなわちそれは、「商品」の価値の根源を人間の労働に求める立場をさす。マルクス自身の表現を借りれば「商品」には、人間の労働が具現化しているというのである。それでは資本主義社会において、「商品」は実際にはどのような相貌を呈しているのであろうか。つまりは人々の目に、「商品」はどのように映っているのであろうか。それについてマルクスは、こう説く。そこでは「商品」の価値は、貨幣的な尺度で測られる。そしてモノとモノの関係のなかで、「商品」そのものに実質的な価値があるかのように錯視される。マルクスはそこに、資本主義社会に固有のフェティシズムを見て取っている。

『資本論』第一巻が刊行されたのは、一八六七年である。その当時は労働価値説が、いまだに経済学界で中核的な位置を占めていた（たとえばスミスやリカードも、労働価値説に立っていた）。ジェボンズ、メンガー、ワルラスなどによって効用価値説が提唱されるのは、一八七〇年代である。効用価値説では財やサーヴィスの価値は、消費者の主観的評価――効用――によって規定される。それが標準的な見解となることで、コペルニクス的な転回が生じた（経済学史ではそれを、「限界革命」と呼ぶ）。すなわちそれによって、財やサーヴィスの価値を規定するのは生産者ではなく消費者であるということになった。今日では労働価値説は、ほとんど過去の遺物と見なされている。もし労働価値説が過去の遺物であるならば、「商品」の呪物性をめぐるマルクスの所説とても同じである。それは「商品」の背後に実質的な価値を措定する限りにおいて、一個の形而上学的な思考と言うほかはない。

もっともそこでのマルクスの所説に、宗教社会学的に汲むべきものがないわけではない。今日の経済学者はごく単純に、こう説く。人々が「有用」と思うものが「有用」である。たしかにそれは、消費社会の実情と符合している。ボードリヤールが『消費社会の神話と構造』で提示する今日的なモノの様相は、そのことを明快に映し出している。端的に言えばそこでは、「価値のない」ものが「価値のある」ものとして通用している（ボードリヤールの言うキッチュやガジェットは、その典型例である）。そこではまさに、人々が「有用」と思うものが「有用」なのである。このような消費の論理がそれ自体自己言及的な構造をもつこと、そしてそれが宗教の論理――人々が「聖なるもの」と思うものが「聖なるもの」である――と類同的であることは、改めて確認されてよい。「商品」の呪物性をめぐるマルクスの所説は今日、そのような消費社会の理論の文脈で再解釈されるべきではなかろうか。

「商品」の流通において扇の要の役割を果たすのは、貨幣である。貨幣の形態については経済学的に、種々の分類がなされている。しかし形態がどうであろうと、「貨幣の何であるか」は明らかである。すなわち貨幣の歴史を貫通するのは、「価値のない」ものが「価値のある」ものとして通用するという論理である。原始的な貨幣（石や貝）から現代的な貨幣（デジタル通貨）にいたるまで、その論理は一貫している。貨幣が機能するのを可能にするのは、人々の信認である。それによって単なる物財や数字が、社会的な威力を発揮するのである。よく知られているようにドル紙幣や硬貨には、こう記されている。「わたしたちは神を信じます（IN GOD WE TRUST）」。この表現を借りればわたしたちは、貨幣の使用に際してこう言っているのと同じである。「わたしたちは神を信じるごとく、この貨幣を信じます」。文字通り貨幣は、信仰のコミュニティによって支えられているのである。

## 禁欲説と解放説

ドルの最高額紙幣にあたる一〇〇ドル札には長く、ベンジャミン・フランクリンの肖像画が使われている。フランクリンはアメリカの建国期の政治家・外交官・実業家・科学者・著述家であり、アメリカ建国の父の一人として讃えられている。かれの生涯や思想について知るには、さしあたり『フランクリン自伝』を繙《ひもと》くのが早道である。それによればフランクリンは、ボストンの零細な蠟燭業者の子として生まれた。父はイングランドからの移民一世で、熱心なピューリタンであった。フランクリンは一〇歳で学校を退き、当初は父の仕事を手伝った。その後印刷業界に身を投じ、そこで事業的成功を収めた。自伝を読む限りフランクリンは、すこぶる企業家精神（enterprising spirit）に富んだ人物であったように映る。かれは根っからの「叩き上げ（self-made man）」であり、「時は金なり」がかれの生活信条であった。やがてフランクリンは、より広い世界へ活動の舞台を広げていくことになる。

ウェーバーは「倫理」論文で、フランクリンを「資本主義の精神」の体現者として取り上げている。「時は金なり」との教訓を含むフランクリンの文章を引いた上で、ウェーバーはこう説く。そこには「資本主義の精神」が、エートス（ethos）のかたちで表現されている。エートスとは本来、古代ギリシア語で「性格」や「慣習」をさす言葉である。ウェーバーはこれを、一定の社会集団に固有の心的態度という意味合いで用いた（あるいはまたそれは、当該集団の人々の実践的な起動力ともなるとかれは言う）。ウェーバーによれば「資本主義の精神」とは、資本の増殖を各人の義務ととらえる態度をさす（あるいはまたそれは、正当な利潤の追求を一個の自己目的とする心情とも言われる）。このような「資本主義の精神」がフランクリンの周辺で――一八世紀のニューイングランドの企業家たちの間で――一つのエートスをかたちづくっていた、というのがそこでのウェーバーの主張である。

フランクリンが必ずしも熱心なピューリタンでなかったことを、ウェーバーは認めている。その一方でフランクリンは、父親からピューリタン的な職業倫理を植え付けられていた。かくしてピューリタニズムが、フランクリン周辺の「資本主義の精神」を準備したとウェーバーは説く。ここから「倫理」論文は、本来の主題へ入っていく。すなわち「資本主義の精神」とプロテスタンティズムの倫理の間に親和性がある、という主題がそれである。長きにわたってそれは、最も有名な社会学説の一つとしての地位を保っている。たしかに経済事象と宗教事象を結びつけたそこでの議論は、いまでも斬新である。しかしまたウェーバーは、そこでほとんど針の穴にラクダを通すような（困難かつ難解な）議論を展開している。とりわけカルヴィニズムの予定説をめぐる議論には、その感が強い。社会学者や社会学徒はそこで、ウェーバーの所説を信じるか否かという二者択一を迫られているように映る。

　したがって当然、「倫理」論文については異論や反論も多い。たとえば「資本主義の精神」を、ウェーバーとは異なる文脈で解釈する立場もある。すなわちウェーバーは、世俗的な欲望を抑制することに「資本主義の精神」の特徴を見いだしている。その意味でかれの立場は、禁欲説と呼ばれる。これに対してウェーバーの論敵（ブレンターノ、ゾンバルトなど）は、世俗的な欲望を解放することに「資本主義の精神」の特徴を見いだしている。この立場は禁欲説に対して、解放説と呼ばれる（図式的に言えば前者が「資本主義の精神」を職業精神ととらえ、その起源を宗教改革に求めるのに対して、後者は「資本主義の精神」を営利精神としてとらえ、その起源をルネッサンスに求める）。二つの立場は「資本主義の精神」をどうとらえるかで、調停不能の関係にあるように映る。しかしそれらの両立可能性を探ることが、「資本主義の精神」の全体像をとらえるための有効な方策ではなかろうか。

　ウェーバーは「倫理」論文の執筆期間中に、アメリカを旅行した。かれはそこで、アメリカの資本主義の実情——資本の自己増殖の運動——を目の当たりにした。帰国後に執筆された「倫理」論文の後半には、このアメリカ体験がくっきりと映し出されている。ウェーバーはそこで、こう書く。「資本主義が今日最も高度な発展を遂げているアメリカでは、富の追求は、宗教的・倫理的意味を剝ぎ取られ、純粋な競争的感情と結びつきがちである。それが、スポーツの性格を帯びることも珍しくない」。つまりは「資本主義の精神」の現在を理解するには、禁欲説よりも解放説のほうが適していているというのである。もっともウェーバーは、それについての批判的コメントも怠っていない。すなわちかれは、そのようなアメリカ人のことを「精神のない専門人」「心情のない享楽人」などとこき下ろしている。残念なことにウェーバーは、禁欲説の枠内から一歩も外へ踏み出すことはなかったのである。

## 日本型の集団主義

ウェーバーが「倫理」論文を著したのは、二〇世紀の初頭であった。その時代に資本主義の本格的発展が見られたのは、西ヨーロッパ諸国とアメリカだけであった。非西洋諸国のなかでは日本が、遅まきながら資本主義国の仲間入りをしようとしていた。しかしそれ以外の非西洋諸国は、前資本主義国ないしは非資本主義国のカテゴリーに投げ込まれていた。したがってウェーバーが、「西洋諸国においてだけ資本主義が発展したのはなぜか」という問題設定を行っているのは格別奇妙ではない。しかしまたそれが、時代的制約をもつ問題設定であったことも明らかである。というのも二一世紀前半の今日では、世界全体がグローバルな資本主義システムに組み込まれつつあるからである。一世紀前のウェーバーのようにそれを、本来の資本主義から逸脱したシステムととらえることは自由である。しかしローカルにしてナショナルな資本主義が、本来の資本主義であるという論拠はどこにもない。

資本主義はそれ自体、バージョン・アップを繰り返してきたシステムである。たとえばフランクリンは、産業資本主義の黎明期を生きた実業家であった。ウェーバーが着目するようにフランクリンが勤勉や節倹を生活信条としていたのは、時代に適っていた。しかしウェーバーの時代には、資本主義は新たなバージョン・アップ――産業資本主義から金融資本主義への構造転換――を図りつつあった。新たな資本主義を主導したのは、産業資本家ではなく金融資本家であった（図式的に言えば産業資本主義の下では、資本家と経営者が一体であった。しかし金融資本主義の下では、両者が分離する傾向が顕著になった）。新たな資本家たちの処世術の中核をなしたのは、「富が富を生む」式の錬金術であった。ウェーバーがアメリカ旅行中に目にした光景は、そのような資本主義の現在であったと推定される。のみならず今日のグローバルな資本主義は、資本主義の最新バージョンということになる。

このように資本主義システムがバージョン・アップを繰り返しているとすれば、「資本主義の精神」を一義的に解釈できるかどうかは大いに疑わしい。一例としてここでは、日本における「資本主義の精神」を取り上げよう。これまでウェーバーの影響下で、日本における「資本主義の精神」の何であるかを解明しようとする研究が多数行われてきた。しかし遺憾ながら、その問題に最後の断案を下すような成果はいまだに出ていないとわたしは思う。たとえばアメリカの社会学者R・N・ベラーの『徳川時代の宗教』（一九五七年）は、まさに「倫理」論文の日本版といった体裁の作品である。ベラーはそこで、こう問うている。非西洋諸国のなかで日本だけが、いち早く産業化

(industrialization) に成功した。いったい日本の産業化に際して、人々の精神的な起動力となったのは何か。なお「産業化」は、(「西洋化」の代替的な表現として) 当時のアメリカ社会学で好まれていた表現である。

それに対するベラーの解答は、少々衒学的である。一つにはそれは、そこでのベラーの議論がパーソンズの社会学理論に依拠しているからである。社会学の門外漢の読者を念頭においてベラーの主張を、一般的な表現に置き換えればこうなる。明治以降の日本の産業化の背景には日本人に固有の集団主義がある。さしあたり集団主義とは、個人的な価値よりも集団的な価値を重視する姿勢をさす (ここで言う集団的な価値は、コミュニティ的な価値と言い換えてもよい)。その根幹をかたちづくるのは、集団に対する忠誠心 (loyalty) にほかならない。このような姿勢が伝統的な日本人のエートスであるとの指摘は、それまでも繰り返し行われていた。しかしそれは、近代化の阻害要因であるというのがそれまでの一般的見解であった。これに対して集団主義が、日本における近代化——西洋化ではなく産業化——の促進要因となったということにベラーの主張の「コペルニクス的な転回」があった。

ベラーによれば日本型の集団主義は、特定の宗教に依拠するものではなく、さまざまな集団のレベルを超越したものである。その意味ではそれは、日本人の根源的なエートスにあたるというのがベラーの主張である (わたしたちはそれを、「日本教」とでも呼ぶべきかもしれない)。もし日本型の集団主義が日本の近代化に適合的であったとすれば、近代化の道筋は複線的であることになる。実際にそれが、近代化の理論の基本的な方向性となった。いや日本以外の多くの非西洋諸国も近代化の過程に入るにつれて、「何が近代化に適合的なエートスであるのか」はますます判然としなくなった。いまや二〇世紀初頭のウェーバーの問題設定そのものが、その賞味期限を迎えたのである。その一方で日本型の集団主義も、グローバル化＝個人化のなかで先行きが怪しくなっている。ウェーバーの表現を借りれば日本人も、ようやく「精神のない専門人」「心情のない享楽人」の境地に達したのである。

アメリカの経済学者J・K・ガルブレイスは『バブルの物語』で、西洋において投機的バブルが繰り返し起こってきた経過を辿っている。かれによればバブルは、富をめぐる人々の熱狂的陶酔（euphoria）に基づく現象である。すなわち人々が、投資マインド（その体現者を含む）の虜《とりこ》となることで生じるのがバブルである。わたしたちはそこに、宗教との類同性を見いだすこともできる。『バブルの物語』でガルブレイスは、一七世紀のオランダにおけるチューリップ・バブルを取り上げている。チューリップの球根が投機の対象となり、法外な価格で取引されたという事態がそれである。やがてバブルは弾け、オランダ経済に深刻な打撃を与えた。四世紀前のオランダ人を少しも嗤《わら》えないのは、わたしたちがいまでも同じことを繰り返しているからである。——宗教は政治や経済のみならず、人間の文化の基盤をもかたちづくっている。わたしたちは次に、学問について考えてみることにしよう。

# 7章

# 学問

## オープンな学びの場

## 八宗兼学

その昔わたしが通っていた中学と高校は、奈良の東大寺の山内にあった。山内の狭い校地の近傍には南大門があり、運慶らが造立した二体（阿吽《あうん》）の金剛力士像はお隣さんであった。その六年間の経験は自分の人生に大きな影響を及ぼしてきたのではないか、といまにして思う。その学校は一般には、中高一貫の男子校にして関西有数の進学校として知られている。そしてまたそれが、東大寺を経営母体とする学園であることは無視できない属性である。一九二六（昭和元）年に東大寺の学僧たちが、勤労青少年のために旧制の夜間中学を開設した。その学校の正史ではそれが、学園の淵源ということになっている。もちろん近代的な学校システムを前提とすれば、そのような話になるのは理解できる。しかし近代以前から、東大寺は学問寺として鳴らしていた。当然そこには、固有の学校システムがあったはずである。その意味では学園の起源を、一九二六年よりもずっと以前に遡ることもできる。

ここでは改めて、学問寺としての東大寺に注目したい。東大寺は創建以来、南都六宗兼学の寺として通ってきた。南都六宗とは奈良時代に、奈良の地で興隆した六つの仏教の宗派——三論宗・法相《ほっそう》宗・成実《じょうじつ》宗・倶舎《くしゃ》宗・律宗・華厳宗——をさす。仏教史家によれば南都仏教は、信仰よりも学問に重点をおいていた。すなわち自宗の教義を独断的に信奉するのではなく、他宗の教義にも学問的に通暁することがそこでの理想であった。一般にこれを、六宗兼学という。その後兼学の対象は、真言宗と天台宗にも拡大された。かくして学僧たちの理想は、六宗兼学から八宗兼学へと拡大することになった。東大寺は元々、華厳宗の寺である。しかし一貫して、六宗兼学あるいは八宗兼学を寺のポリシーとしてきた。そのことをもって東大寺は、学問寺を自任してきた歴史がある（もちろん学問寺は、東大寺の専売特許ではない。たとえば天台宗の延暦寺は、四宗兼学の学問寺であることを自任してきた）。

学問寺としての東大寺を体現する人物に、空海がいる。空海が真言宗の開祖にして、密教道場としての金剛峯寺（高野山）や東寺（教王護国寺）の開山であることは断るまでもない。しかし空海は、東大寺とも密接な関係にある。たとえばかれは、唐から帰国したのち――金剛峯寺や東寺を開創するまでの間に――東大寺の別当に任じられている。かれが別当退任後に創建した真言院は、いまも東大寺の山内に現存している。空海が入唐《にっとう》前の青年時代に執筆した著作に、『三教指帰《さんごうしいき》』がある。三教とはそこで、儒教・道教・仏教の三つの教えをさす。放埒な青年を戒めるのにそれらのうちで一番有効であったのは何か、というのがそこでの問題の設定である。もちろん儒教や道教に対する、仏教の思想的・宗教的な優位性を明らかにすることにそこでの作品の主題はあった。しかし空海は、比較思想論・比較宗教論的な立場をそこで自覚的にとっている。つまりはそこでの空海の立場は、独断的というよりも学問的なものである。

空海は宝亀五（七七四）年、讃岐国（現在の香川県）に生まれた。階級的にはかれの家系は、中級豪族に属する。空海は一五歳で、平城京に上った。そして母方の叔父の下で儒学を学んだのち、一八歳で長岡京の大学寮（その当時一つしかなかった大学）に入った。当初かれは、中央官人（官吏）になるための学問修業をしていたわけである。この学生時代に空海が、いかに勉学に打ち込んだかについての回想が『三教指帰』にはある。すなわちかれは、こう書く。わたしは学生時代、中国の故事に言う「蛍窓雪案《けいそうせつあん》」や「懸頭刺股《けんとうしこ》」もかくやあらんというほどに勉学に打ち込んだ（「蛍窓雪案」は油がないので蛍の光や窓の雪で勉学に励んだ学生の故事に、「懸頭刺股」は眠気と戦うために縄に首をかけたり錐で股を刺したりして勉学に励んだ学生の故事に、それぞれ由来する）。空海が大学で専攻したのも、儒学であった。その一方でかれは、一人の僧侶から「虚空蔵菩薩求聞持法《こくうぞうぼさつぐもんじほう》」を伝授される。

これを機縁として空海は、大学を辞め、仏道修行に入る。かれは四国や吉野などで、山岳修行を行ったと言われる。そして三一歳のときに、留学僧として唐に渡る。その後のかれの八面六臂《ろっぴ》の活躍については、ここで改めて断るまでもない。しばしば指摘されるように空海は、偉大にして多才な人物であった。すなわちかれは、宗教のみならず文学・書道・美術・医学・土木・建築・教育などの各方面で遺憾なく能力を発揮した。もちろんそれは、空海の個人的な資質と無関係ではない。しかしまた当時の僧侶が、今日の僧侶よりも多くの役割を負っていたことに着目しないわけにはいかない。空海の業績の一つとしてしばしば、私立学校としての綜芸《しゅげい》種智院の創設があげられる。「万人が自由に学べる場」を作ることが、そこでの空海の理想であった。この空海の理想がどこまで実現したかについては、大いに疑問がある。それでもそれは、宗教と学問の両立可能性をわたしたちに示唆している。

## 永劫の罰

人間は生物学的に、英知人（Homo sapiens）と規定されている。そこでは文字通り、「知性をもつこと」が人間の存在理由として明示されている。しかし人間が知的存在であることと、そのことが歴史的にどのように評価されてきたかは別個の問題である。たとえば神話的世界において、人間の知性はどのように評価されていたのであろうか。それについて考える題材として、ここではギリシア神話のなかのタンタロスの物語を取り上げよう。ギリシア神話によればタンタロスは、当初は神々と友好的な関係を結んでいた。すなわちかれは、オリンポス山の饗宴に連なり、ネクタル（神酒）やアンブロシア（神饌）――神々の飲食物にして不老不死の霊力をもつ――を口にすることを許されていた。それゆえにかれは、人間（死すべき存在）でありながら不老不死の身体を得ていた。しかしタンタロスは、神々の怒りを買うことで永劫の罰を受けることになる。いったいかれは、何をしでかしたのか。

なぜタンタロスが、神々の怒りを買ったかについてはいくつかの説がある。ある説ではタンタロスが、神々の食卓から神聖な飲食物を盗み、友人たちに与えたことをかれの罪としている。あるいはまたタンタロスが、神々の秘密を盗み、友人たちに漏らしたことをかれの罪とする説もある。その一方でタンタロスが、神々を宴席に招いた際に人肉のシチューを供したことをかれの罪とする説もある（傲慢にも人間ごときが、神々の判断力を試そうとしたというのである）。それらの説を貫くのは、タンタロスが神々に敬意を払わず、かれらを欺いたり試したりしたことをかれの罪としていることである。かれを待ち受けていたのは、永劫の罰であった。すなわちかれは、池のなかに首まで水に浸《つ》かった状態で立たされた。かれが水を飲もうとすると、水は引いた。頭上に垂れ下がった果樹の枝には、果実がたわわに実っていた。しかし果実に手を伸ばすと、一陣の風が吹いて果実をさらってしまった。

かくしてタンタロスは、永遠の飢渇に苦しまなければならなくなったというのである。これに類似する物語は、ギリシア神話のなかにほかにもある。たとえばシシュポスの物語は、その一つである。シシュポスもまた神々に不敬な行為を行ったかどで、永劫の罰を課せられる。具体的にはかれは、巨大な岩を山頂まで押し上げるという労役を強いられる。かれが山頂まで岩を押し上げると、岩はかれの手を離れて、山麓まで転がり落ちてしまう。かくしてかれの労苦は、永遠に尽きることがなかったという。いったいタンタロスやシシュポスの物語は、わたしたちに何を語りかけているのか。まさしくそこでは、神々の前では人間など取るに足りない存在であることが教訓的に語られている。すなわち神々の叡智は、人間の知恵のまったく及ぶところではなかった。したがって各人が、自己を発見したり、創造したり、証明したり、実現したり、主張したりすることは二義的な価値しかもたなかった。

そのことをより明快に映し出すのは、旧約聖書『創世記』のアダムとイヴの物語である。『創世記』によればアダムとイヴは、楽園で何の悩みも苦しみもなく過ごしていた（冷徹に言えばそれは、何の喜びも楽しみもなく過ごしていたことと等価である。そこでは人間の祖先が、動物的状態にあったことが語られているだけである）。しかし知恵の木の実（神はそれを食べることを、アダムとイヴに禁じていた）を食べることで、かれらの生活は一変する。神はかれらを、楽園から追放する。かれらはそれ以降、「額に汗して」働かなければならなくなった。知恵の木の実を食べたことで人間は、「呪われた者」になったと神は言う。キリスト教ではこれを、一般に「原罪」と解釈している。つまりはそこでは、人間の存在理由——人間が知的存在であること——そのものがネガティヴに解釈されているのである。それについてギリシア神話と聖書の立場は、完全に一致していると言わねばならない。

しかしそこでの「原罪」を、ポジティヴに解釈することも可能であろう。というのも楽園からの追放は、人間のさまざまな可能性に道を開くものでもあったからである。すなわち人間は、人間である（知的存在である）がゆえに自己を発見したり、創造したり、証明したり、実現したり、主張したりすることができる。その意味では楽園からの追放は、神からの懲罰ではなく恩恵であったと見ることもできる。本書でわたしは、「神、それは社会である」という視座を打ち出している。この場合楽園からの追放は、コミュニティからの追放に類比しうる。そしてまたそれは、コミュニティからの解放と等価である。もし人々がコミュニティに束縛されているとすれば、そこに学問の自由があろうとは想定しがたい。実際には学問は、コミュニティから追放＝解放された人々によって創造され、享受されてきた、それはまさに、楽園から追放された人間に生の道標を提供する役割を果たしてきたのである。

## エピステーメー

知識とりわけ学問を固有の研究対象とする社会学の領域に、知識社会学がある。たとえば神学は、知識社会学的にどのように位置づけられるか（キリスト教やイスラームの「神学」にあたるものを、仏教では「宗学《しゅうがく》」と呼ぶ。ここで「神学」について述べることは、基本的に「宗学」についてもあてはまる）。一般に神学は、護教学的な役割を負っている。すなわちそれは、信仰を前提として――他の宗教や宗派に対して――自らの宗教や宗派の優越性を明らかにすることを目的としている。その意味ではそれは、中立的というよりも独断的な性格をもっている。注意を要するのは神学もまた、学問のカテゴリーに含まれることである。かりに学問は「独断的であってはならない」という理由で、神学を学問のカテゴリーから排除するとしよう。この場合学問には、「独断的であってはならない」という条件が課せられる。しかし多くの学問にとって、この条件を克服することはそう容易ではない。

大学の授業で今日講じられている知識が、三〇年後まで賞味期限を保っているかどうかは定かではない。しかし教員が、現時点でそれを「真なるもの」と信じているであろうことは疑いない（もし教員が、それを「偽なるもの」と思っているとすればどうか。おそらく学生たちが、それに真剣に耳を傾けることはないであろう）。さしあたり知識とは、このように「真なるもの」として提示される命題のシステムである。しかし何が「真なるもの」で、何が「偽なるもの」であるかは、必ずしも明快に判別できない。もちろん論理的な一貫性や客観的な妥当性などを基準として、両者を峻別しようとする努力は継続的に行われている。しかし学者たちが自身の学説・学派・学統などの正当性を信じてやまず、相互に矛盾する「真なるもの」が併存しているのが、学問の世界である。このような状況において学問的なコミュニケーションを通じて、「真なるもの」に接近することには固有の困難がある。

西洋哲学史にはプラトン以来、エピステーメーとドクサを峻別する学問的伝統がある。エピステーメーが学問的な（根拠が明確な）知識であるのに対して、ドクサは日常的な（根拠が薄弱な）通念にとどまるというのがそこでの区分である。プラトンにとって「知識」の名に値するのは、エピステーメーでしかなかった。そしてまたかれにとって、自らの提示する知見はエピステーメーでなければならなかった（かれがアテネ近郊のアカデメイアに、世界最古の大学を創建したのもそれと無縁ではない）。おそらくプラトンの信奉者にとっては、かれの主張に何一つ疑いを差し挟む余地はないのであろうと思う。しかしそれは、まさに一つの信仰にすぎない。たとえば今日の政治理論家の大半は、プラトンの哲人政治論に対して懐疑的である〔5章政治〕。あるいはまたかれのイデアの概念――たとえば「美しいもの」の背後に、「美そのもの」があるとする――も、今日では批判的に言及されるのが通例である。

つまりは今日では、プラトンの学説そのものがエピステーメーであるかどうかを問われているのである。フーコーは『言葉と物』（一九六六年）で、より現代的な文脈でエピステーメーを再定義した。すなわちフーコーは、①特定の時代において、②さまざまな学問的認識の背後にあって、③それらの学問的認識を生産したり、構成したり、規定したりする知的な構造をさしてエピステーメーと呼んだ。実体的にはそれは、さまざまな学問的認識そのものがかたちづくる布置連関（constellation）と見なすほかはない。あるいはまた学問的認識の布置連関の背後に、さらに一般的通念の布置連関を想定することも可能である。いずれにしてもさまざまな学問的認識の背後には、その時代に固有の知的な前提――メタ構造――があるというのがそこでのフーコーの関心である。たとえば近代において（一九世紀以降）は、「人間」の概念がエピステーメーの中枢を占めることになったとフーコーは説く。

それはまさに、近代的な思考の――問われることのない――一つの前提である。その意味ではそこに、一種の宗教性を見て取ることもできる。フーコー風に言えば近代においては、「人間」の概念が神格化されているのである。科学史家のクーンが『科学革命の構造』（一九六二年）で特定の時代の科学者集団が共有する思考のパラダイム（枠組み）を問題にしたのも、フーコーと同時代であった。かれらの主張は学問的認識や科学的思考のメタ構造を問題化することにおいて、相互に呼応し合っていた。人文・社会科学の領域では今日、マルチ・パラダイム状況（複数のパラダイムが併存する状況）が顕著である。すなわちそこでは、さまざまな学説や学派が「どう世界をとらえるか」について優劣を競い合っている。それはまさに、さまざまな宗教や宗派が「神々の闘争」を展開している状況に類比できる。そのなかで「真なるもの」の何であるか、が少しも判然としないのが学問の現在である。

## 専門家の権威

日本では葬儀や葬儀後の法要（法事とも言う）は、仏式で営まれることが多い。それらは一般に、故人の冥福（冥界での幸福）を祈るための儀礼として説明され、理解されている。はたしてそれが、仏教の本来の教義に合致しているかどうかは疑問である（仏教の本来の教義からすればそれは、呪術的な儀礼と言わねばならない）。しかし実際に、そのような儀礼が日本で行われてきたことも事実である。葬儀や法要の中核に位置するのは、僧侶による読経《どきょう》である。通常それは、サンスクリット語（梵語《ぼんご》）の経典の漢語訳を音読するかたちで行われている。そして経文が、ほとんど呪文と同然にしか聞こえないというのが多くの人々の経験であろう。これと類似する状況は、一九六〇年代までカトリック教会でも見られた。すなわち世界各国のミサが、ラテン語で一律に行われていた状況がそれにあたる（一九六〇年代の第二バチカン公会議を経てそれは、世界各国の言葉で行われるようになった）。

ある儀礼が何を意味するかが、その参加者にとっても判然としないのは望ましい状況ではない。それでもそれがまかり通るのは、僧侶や司祭が儀礼に関与しているからである。つまりは聖職者が主宰したり主導したりする限り、そこでの儀礼は尊重されなければならない。それゆえに意味不明の読経やミサが、「聖なるもの」として祭り上げられるのである。わたしたちはそこに、典型的な宗教の論理を見いだすことができる。伝統的に聖職者は、医療者や法律家とともにプロフェッションの原型として位置づけられてきた。プロフェッションとは専門的な職業のことで、①長年の訓練を受け、②資格の認定を得た人々が、③高度な知識や技能をもとに人々の負託に応えるといった特性をもつ。そしてまたプロフェッションに従事する人々は、④高い社会的威信をもつこともしばしば指摘される。このような社会的威信が聖職者にあればこそ、意味の判然としない儀礼も成り立つと見ることができる。

今日ではプロフェッションの枠は、さきの三つの職業以外にも拡張されている。そして研究者は、この新たなプロフェッションの枠内に含められることが多い。研究者は今日、各種のメディアを通じて自らの見解を提示している。そもそもそれが、どれほどの社会的影響力をもちうるかは一概に言えない（たとえばメディア上で、研究者Aの言説と研究者Bの言説が競合しているとしよう。そのどちらが社会的影響力をもつかは、まさしくどちらの言説が「売れる」かによる）。それでも研究者が、総じてオピニオンリーダーとしての役割を果たしていることは疑いない。要するにかれらは、世論の形成に一役買っているのである。その際個々の研究者の言説が、メディア上で十分な検証にさらされるはずはない。かれらの言説の正当性を保証し担保しているのは、専門家としてのかれらの権威である。その意味ではそこでの研究者と人々の関係は、さきの聖職者と人々の関係とまったく同じである。

専門家と人々の関係を問題にした研究に、アメリカの社会心理学者S・ミルグラムの悪名高い実験がある。それに「悪名高い」という形容句がついて回るのは、今日では倫理上の問題が指摘されているからである。一般人二名が研究者から、架空の「学習実験」への協力を求められる。この「学習実験」は見かけ上、①先生役と生徒役は無作為《ランダム》に決まり、②生徒役が「失敗を重ねる」たびに、先生役は「より強い電気ショックを与える」という設定になっている。しかし実際には、①生徒役の一般人は事前に（つねに生徒役になるように）仕込まれたサクラ（おとり）であり、②先生役が「電気ショックを与えた」場合も、生徒役は「電気ショックを受けた」フリをするだけである。つまりはそこでの本当の実験は、被験者（先生役の一般人）が「どこまで実験者の指示通りに、非人道的・不道徳的な行動をとるか」を調べることにあった。この実験が「服従実験」と呼ばれるのは、そのためである。

実験の結果被験者の大半が、「研究者の指示通りに、非人道的・不道徳的な行動をとる」ことが判明した。ミルグラムはそこに、人々の服従の態度を見て取っている。要するに人々は、専門家の権威にからきし弱いというのである（『服従の心理』）。必ずしも「服従実験」の被験者だけが、そのような態度をとるわけではない。わたしたちは今日、専門的な知識や技能に多くを頼る社会をかたちづくっている。その際各分野の専門家の権威に服することは、わたしたちの基本的な生活の流儀と言ってよい。古来人々は、特定の神の権威に服することを生活の信条としてきた。実際にはそれは、神に仕える身たる聖職者の権威に服することと同義であった。そのような聖職者と今日における専門家の間には、見かけほどの大差はない。専門家はまさに、「神なき時代」におけるカリスマ的存在である。かれらは古代ユダヤ教の預言者のごとく、人々に生活の進路を指し示す役割を負っているのである。

## バベルの塔

キャンパス（campus）は元々、「平地」や「野原」を意味する言葉であったらしい。今日ではそれは、大学の「構内」や「敷地」を意味する言葉となっている。すなわち教員や学生が、研究・教育・勉学などに従事する場がキャンパスである。今日では駅前のビルの一角が、大学のキャンパスとして立派に通用している。しかし一定の区画のなかに教室棟や研究棟が建ち並び、その中央に高い塔を擁する建物があるというのが、キャンパスの通常の風景であることに変わりはない（その塔にはしばしば、時計が付設されている。したがってそれを、時計台と呼ぶことも多い）。日本の大学は基本的に、西洋の大学を模して作られている。日本の大学が高い塔を設けてきたのは、西洋の大学（あるいは都市）がキリスト教の聖堂とそれに付属する高い塔をシンボルとしてきたことを模しているのであろう。その上で「なぜ大学が、シンボルタワーを愛好するか」は、宗教社会学的に興味深い題材である。

旧約聖書の『創世記』によればノアの洪水ののち、人々は同一の言葉を使っていた。かれらは離散を避けるために、煉瓦と瀝青《れきせい》（アスファルト）で「天まで届く塔のある町」を作ろうとする。これを見て神は、「かれらは同一の言葉を使うので、このようなことをし始める。これでは何を企てようと、かれらの思いのままである」と言う。そこで神は、人々を全土に離散させる。それと同時に互いの言葉が通じないように、かれらの言葉を混乱させる。この「混乱（ヘブライ語の balal）」という言葉から「天まで届く塔のある町」はバベル（Babel）と呼ばれるようになった、と『創世記』は伝える。まずもってバベルの塔の物語は、「なぜ民族や言語が多様であるか」を人々に説き明かしている。のみならずそれは、またしても「人間の原罪の何であるか」を人々に問いかけている。すなわち「神と同等の存在になろうとするのは、傲慢な態度である」というのが、その物語のメッセージである。

にもかかわらず人間は、世界各地に高い塔を作り続けてきた。いったいそれは、どう解釈しうるか。ここでは話を単純にするために、大学の塔（時計台）だけを問題にしよう。端的に言えばそれは、大学人が「真理の探究」に従事することの象徴的な表現である。実際どこの大学も、それに類することを創立の理念として謳っている。もっとも凡人が、そう易々と「真理」に到達しうるはずはない。その意味では大学の塔は、旧約聖書のなかのバベルの塔そのものである。もっともそれは、いまでは一つの遺制と言うべきものかもしれない。かつて大学人は、「象牙の塔」の住人として社会的に揶揄されていた（「象牙の塔」は元々、フランスの文学者サント＝ブーヴが詩人ビニーの現実逃避的傾向を評した言葉である）。いまでは「象牙の塔」という言葉そのものが、ほとんど死語と化している。つまりは「象牙の塔」はとうに崩れ、大学と社会の間の境界線はますます曖昧なものになりつつある。

それでも大学人は、いまもって「真理の探究」に努めている。かろうじてそこに、今日における大学の存在理由を見いだすこともできる。今日では生真面目な学生について、その社会的適応力を疑問視する言説が幅を利かせている。しかしかれらを適正に評価することなしに、大学が存立しえないことも事実である。『華厳経』の末尾に位置する「入法界品《にゅうほっかいぼん》」に登場する善財童子（サンスクリット語ではスダナ・クマーラ）は、長者の子に生まれ、菩提心（悟りを求める心）を発し、文殊菩薩の指南を受け、菩薩行（悟りに達するための行い）を学ぶべくインドの南方を旅する。この旅を通じて善財童子は、合計五四人（五三人あるいは五五人と数える場合もある）の善知識（善友とも言う。仏道修行者を悟りに導き入れる指導者）を訪ねて教えを請う。その劈頭を飾るのは文殊菩薩であり、掉尾を飾るのは普賢菩薩である。最終的に善財童子は、普賢菩薩の教えを受けて悟りの境地に達する。

普賢菩薩を訪ねる前に善財童子は、自身の求道の旅を顧みてこう思う。「これまで多くの善知識にお目にかかり、その教えに従うとともに、一心に菩薩行を学んできた」。そしてかれは、「普賢菩薩にお目にかかりたい」と念じる。善財童子の物語を終始貫いているのは、主人公の学習的な姿勢である。社会学的に見ればそこでは、行為の結果よりも過程が重要であるように映る。かれが訪ねる善知識のなかには、多種多様な人々——菩薩、修行者（男女）、ドラヴィダ人の医者、王・王妃、仙人、バラモン、王子・王女、少年・少女、在家信者（男女）、長者、商人、遍歴行者、航海士、遊女、神・女神、教師、職人など――が含まれている。とりわけそこに、差別的な境遇におかれた人々が含まれていることは示唆に富む。どうやら善財童子は、どんな人からも何かを学びうると考えていたらしい。そのオープンな学びの姿勢には今日、社会学者や社会学徒も大いに学ぶべきところがあると思う。

## 受験の神

平安時代の公卿・学者・文人菅原道真は元々、学者の家系の出身である。かれは宇多天皇の信認を得て、いわゆる寛平《かんぴょう》の治を支える廷臣の一人となった。寛平の治とは関白藤原基経の死後、宇多天皇が摂政・関白を置かずに親政を行ったことをさす。その際道真は、藤原氏への対抗勢力として天皇に重用された。道真が遣唐使の中止を建言し、実現したのは、この時代である。しかし（醍醐天皇の下で右大臣を務めていた時代に）道真は、左大臣藤原時平によって讒訴《ざんそ》され、大宰府に大宰員外帥《だざいいんがいのそち》として左遷される。かれが失意のうちに配所で没したのは、翌々年であった。その後数十年間、都では異変が続いた。たとえば疫病の流行、自然の災厄（落雷・地震・干魃など）、要人の急逝などが、それにあたる。とりわけ宮中への落雷で多くの公卿や官人が死傷した災厄は、人々に大きなショックを与えた。そこから一連の異変は「道真の崇《たた》り」によるのではないか、という噂が次第に広がっていった。

そのような異変は実際には、いつの時代にも生じうるものである。問題はそれに、社会的・政治的にどう対処するかということである。当時の人々はそれを、「道真の祟り」として解釈した。そこで朝廷は、道真の罪を赦し、かれに次々と位階を贈るとともに、北野の地に神殿を建て、道真を「天神」として祀った。天神は元々、雷神である。それが道真の怨霊（御霊）と結びついたのが、固有の意味での「天神（正式には天満大自在天神《てんまだいじざいてんじん》）」である。その後「天神」への信仰は、日本各地の人々の間に大いに広まった。当初「天神」は、怨霊として恐れられていた。しかし時代が下るにつれて、さまざまな文脈での守護神――至誠、慈悲、農耕、学問、芸術、除災（冤罪・海難）、招福（長寿・安産）、戦勝、鎮護（鬼門・国家）などの神――として広く人々の崇敬を集めることになった。要するに「天神」は、人々が不確実性に満ちた世界を生きていく上での心のよりどころになったわけである。

社会学者のコントの図式を借りるならばそれは、知識の神学的段階に対応する。しかしそれを少しも嗤えないのは、「天神」はいまでも広く人々に崇敬されているからである。とりわけ学問の神としての道真は、人々にとって身近な存在である。入学試験の季節ともなれば受験生は、各地の天満宮（道真を祭神とする神社）に参詣し、合格祈願の絵馬を奉納したり、学業成就の御守を購入したり（神社側の表現では、授与されたり）している。要するに道真は、いまでも受験生の守護神であり続けている。このような学問的な文脈での「天神」への信仰は、室町時代の五山（禅宗の寺院）や江戸時代の寺子屋などに一つの原型があると言う。しかし「天神」は、いまでは学問の神というよりも受験の神に成り果てている。多くの若者たちにとって受験は、不確実性に満ちた未来にほとんどはじめて身を投じる機会である。それゆえに宗教が、それに関与しうる余地がいまだにあると言うことができる。

受験を通じて若者たちが取得しようするのは、学歴である。ここでは話を単純化するために、大学受験を例に取ろう。若者たちにとって大学受験は、学歴を取得するための通過儀礼である。たしかに若年人口の減少や受験機会の拡大などを通じて、通過儀礼としての大学受験の意味合いは年々希薄化している。つまりは厳しい修練を経ることなく、大学に入る若者たちが増加している。その一方でさまざまな指標の下に、大学を序列化しようとする風潮はいまだに根強い。したがって序列の高い大学に入学しようとすれば、それ相応の修練を求められる状況に変わりはない。「人間の学歴をどう評価するか」は今日でも、非常に悩ましい問題である。たとえば菅原道真は、平安時代における学歴エリートであった。社会学的に見ればかれは、学歴エリートとして門閥エリートと渉り合い、高位高官にまで上り詰めた。それゆえに後世の受験生がかれを神格化することには、一定の合理性が認められる。

社会学では人間を評価する基準として、属性主義と業績主義を区分する。すなわち前者は、属性(年齢・性別・家柄など)——その人物が「何であるか」——に基づいて人間を評価する態度である。これに対して後者は、業績(能力・資格・実績など)——その人物が「何をするか(したか)」——に基づいて人間を評価する態度である。学歴主義(学歴に基づく人間の評価)はそれ自体、業績主義の典型例である。それによって各人に、「幸運の女神の前髪を摑む（seize the fortune by the forelock）」よう勧めるのが近代社会の基本原則である。しかし過剰な学歴主義は、「学歴信仰」を生む。すなわちそれは、学歴が一つの属性として錯視される事態である。とりわけ東アジア各国では、「学歴信仰」はいまだに根強い。おそらくそれは、中国の科挙のもたらした文化的弊害の一つなのであろう。学歴が人々の宗教的な畏敬の対象となるとき、そこでは新たな門閥主義が横行するだけである。

福沢諭吉は豊前《ぶぜん》中津藩（現在の大分県）の下級藩士の末子として、大阪の中津藩蔵屋敷に生まれた。『福翁自伝』で福沢は、自分の父親が封建制度のしがらみから一歩も抜け出ることができなかったこと、父親が息子の将来を案じていたことに触れつつ、こう語る。「門閥制度は親の敵で御座る」。そこでは福沢が、学問で身を立てていく過程が詳細に語られている。奈良県桜井市にある安倍文殊院は、華厳宗の寺院にして、獅子に乗る文殊菩薩像を本尊にしている。本尊の左脇には先導役として、善財童子像も控えている。子ども時代にわたしは、そこに亡父に連れていかれたことがある。そのとき亡父は、いったい何を思っていたのであろうか。わたしの学者生活も終盤にさしかかり、その成果の乏しさに暗然とするばかりである。――宗教と学問が切っても切れない関係にあるように、芸術と学問もまた切っても切れない関係にある。わたしたちは次に、芸術について考えてみることにしよう。

# 8章

# 芸術

## 「美」の感覚の共有

## 修二会の聴聞

関西では「お水取りが終わると春が来る」と、しばしば語られる。「お水取り」は東大寺二月堂で、三月一日から一四日（一五日未明）にかけて行われる法会《ほうえ》（行事）である。「お水取り」は通称にして、その正式の呼称は「修二会《しゅにえ》」である。元々それは、旧暦の二月に行われていたからそう呼ばれる。仏教儀礼としての修二会は、悔過《けか》法要を中核においている。悔過とは本尊を前に、自らの罪過を告白し、懺悔する（許しを請う）ことをさす。その意味ではそれは、カトリック教会における告解（罪の告白）と共通する一面をもつ。大乗仏教では僧侶が、人々に代わって心身を清め、悔過を行うことが重視される。すなわち僧侶の苦行が、人々の救済や利益につながるという論理がそこにはある。二月堂の本尊が大小二体の十一面観音像であることから、東大寺の修二会は「十一面（観音）悔過」にあたる。そしてまた東大寺では、悔過法要を勤修《ごんじゅ》する（執り行う）僧侶のことを「練行衆《れんぎょうしゅう》」と呼ぶ。

その一方で修二会は、神道儀礼としての一面ももつ。すなわち祈年祭としての一面が、それである。祈年祭とは春先に、その年の五穀豊穣や除災招福を祈願するための祭祀である。修二会は仏事でありながらも、そのような神事としての一面を兼ね備えている。たとえば東大寺の修二会のなかには、「水取り」の儀式が含まれている（文字通りそれは、「お水取り」という通称の語源となっている）。すなわち二月堂下の井戸から浄水を汲み上げ、その「香水《こうずい》」を本尊に供える——その「香水」は法要のなかで、練行衆や聴聞者にも分かたれる――ことが、それである。明らかにそこには、古来の若水《わかみず》信仰――元旦や立春の朝に汲んだ水には「生命を若返らせる力がある」との信仰――の影響が認められる。そしてまた修二会の代名詞としての籠松明《かごたいまつ》の炎も、生命力の象徴そのものである。このような神道儀礼と仏教儀礼が複雑に結びついたところに、修二会の固有の様相はあると言うことができる。

修二会については各分野の専門家が、詳細な研究を展開している。いま門外漢のわたしが、それに関与しうる余地は少しもない。わたしの唯一の手がかりは四〇年ほど前に、二月堂のお堂のなかで法会を直に聴聞する機会を得たことである。何分昔のことで、当夜の記憶は多分に怪しい。それでも厳寒の夜であったこと、礼堂のなかは熱気に満ちていたこと、(お堂のなかでも松明や灯明が使われるので)全身が煤《すす》まみれになったこと、聴聞ののち在家の参籠所で夜を明かしたこと、周囲が静けさに包まれていたことなどは、いまでも記憶に残っている。とりわけ練行衆たちが須弥壇《しゅみだん》の周りを走ったり、五体板で膝を打ったり、本尊の宝号(名)を繰り返し唱えたりしたのは、はっきりと耳に残っている。最後に書いたのは、声明《しょうみょう》(経文の朗唱)の山場にあたる。「南無観自在菩薩」「南無観自在」「南無観」という三段構成の唱句が、独特の旋律と抑揚の下で六〇回余り唱えられるのがそれである。

一〇年ほど前に国立劇場で、「東大寺・修二会の声明」という公演が行われた。東大寺の方々が寺外で、修二会の様子を実演して下さる貴重な機会であった。わたしは三〇年ぶりに、修二会の声明をライブで耳にすることができた。しかしわたしは、三〇年前の経験と比べて何か違うと感じずにはいられなかった。いまでは各種のAV資料を通して、修二会の録画や録音も簡単に視聴できる。しかしわたしにとって、その鑑賞は四〇年ほど前の堂内での聴聞に比べると色褪せたものでしかない。いったい両者の間には、いかなる違いがあるのか。ベンヤミンは『複製技術時代の芸術作品』（一九三六年）で、写真・映画などの複製技術が芸術作品から「アウラ（香気）」を剝奪する過程を問題にした。古典的な芸術作品は礼拝の対象にして、「アウラ」を漂わせていた。しかし宗教的な文脈から解放されるとともに、芸術作品は「アウラ」を喪失していったというのがそこでのベンヤミンの主張である。

四〇年ほど前の修二会の聴聞はわたしにとって、まさしく一個の宗教的経験であった。それに類する経験をわたしは、もう一度東大寺でしている。東大寺と鶴岡八幡宮の共催で「東日本大震災物故者慰霊と被災地復興への祈り」という法要・祭事が、二〇一一年から行われている。その三度目の法要・祭事が二〇一二年、東大寺大仏殿で行われた。一連の仏式・神式の儀礼ののち、福島県南相馬市の中高生合唱団（南相馬ジュニアコーラスアンサンブル）による奉唱が行われた。少女たちは大本尊（盧舎那大仏）を前に、「ふるさと」と「あすという日が」の二曲を奉唱した。その歌声は大仏殿内に美しく響いて、奇跡と評するしかないものであった。それらの経験の根幹をかたちづくるのは、宗教と芸術の根源的な一体性である。ベンヤミンの表現を借りればそこには、「アウラ」の体感があった。しかし今日、そのような宗教と芸術の根源的な一体性は日増しに体感しにくいものになってきている。

## 祭儀から演劇へ

イギリスの古典学者J・E・ハリソンは『古代芸術と祭式』のなかで、芸術と祭儀の根源的一体性について書いている。かの女はこう説く。今日では芸術と祭儀は、およそかけ離れたものとして理解されている。しかし本来、人々を劇場に向かわせる衝動と教会に向かわせる衝動は同一のものである。ハリソンはそこで、古代ギリシアの演劇を主要な題材としている。かの女によればアテナイの人々にとって、ディオニュソス劇場（野外劇場）は「聖なる場所」であった。そこでは劇が、冬と春のディオニュソスの祭りの日にだけ――ディオニュソスの神像の渡御を受けて――厳かに演じられた。まさしく演劇は、祭儀のなかにしっかりと組み込まれていた。したがってそこでは、観劇も今日とは異なる意味をもっていた。今日では観劇は、娯楽のカテゴリーに含まれている。しかし古代ギリシアでは、それは一つの宗教的行為であった。すなわち観劇は、一つの祭儀に参加することと同義であった。

今日でも劇場に行くことは、いくらか晴れやかな行為である。少なくともそれは、映画館に行くことよりは（ましてや自宅でTVドラマを見ることよりは）そうである。演劇で幕と幕の間の休憩時間のことを、「幕間《まくあい》（intermission）」と呼ぶ。そもそも「幕間」をどう過ごすかについて、明確なルールはない。しかし観客が、相互に相手の風体《ふうてい》や服装をチェックし合うのは「幕間」の暗黙のルールである。今日では劇場の服装規定は、ほとんど有名無実と化している。それでも観客自身が「もう一人の演者」であるという気風が、劇場には少しは残っている。再びベンヤミンの用語を借りれば演劇は、複製技術以前の（「いま・ここ」の）芸術として「アウラ」を保っている。それを支えているのは、演劇の祭儀的側面にほかならない。一昔前の劇場では入場に際して、数段の階段を上らされることが通例であった。それによって観客は、日常的な世界から離れることができたと見ることもできる。

プラトンは『国家』で、芸術は「模倣（mimesis）」であるという有名な所説を提示した。プラトンによれば詩人や画家の仕事は、鏡を周囲に向けて、事物の写像を作り出すようなものである。たとえば「椅子の絵」は、「現実の椅子」の写しにすぎない（より厳密には「現実の椅子」は、「椅子のイデア」の写しである。その意味では芸術は、模倣の模倣である）。『古代芸術と祭式』でハリソンは、このプラトンの所説を批判している。かの女によれば芸術は、「模倣を含んではいるが、模倣から生まれたものではない」。すなわち模倣は、芸術の手段ではあっても目的ではない。それでは芸術の目的とは、いったい何か。人々は芸術を通じて、自らの願望や感情を表現しようとしている。その意味では芸術は、祭儀とほとんど一体のものであるというのがそこでのハリソンの主張である。そこでは芸術が、祭儀と同じく一定のコミュニティ的な関係を基盤としていることが説き明かされている。

もっともハリソンは、演劇の祭儀的側面だけを強調しているわけではない。同時にかの女は、演劇の芸術的側面にも注目する（ここでは「祭儀」と切り離されたものとして、「芸術」をとらえている）。ハリソンによれば演劇は、祭儀から生まれ、芸術として独自の道を歩み始めた。このような「祭儀（dromenon）から演劇（drama）へ」の移行の過程を明らかにすることが、『古代芸術と祭式』のもう一つの主題であった。演劇の芸術化はすでに、古代アテナイのディオニュソスの祭りにも見て取れるとハリソンは言う。そこでハリソンが注目するのは、観客の出現である。つまりは「祭儀から演劇へ」の移行は、「信者から観客へ」の移行に対応するというのである。芸術が祭儀から独立し、それ自体として歩み出すとき、そこにはいかなる変化が生じるか。そのとき芸術は、「自らを目的とする」とハリソンは言う。つまりは芸術が、生活の実際的な要請から解き放たれる事態がそれである。

そのような「祭儀から演劇へ」の移行がなぜ生じたかについて、ハリソンは社会学的にも興味深い分析を加えている。すなわち演劇の芸術化の背景には、社会の世俗化（宗教の衰退）や流動化（地方の衰退）があったとかの女は説く。社会学的にそれは、コミュニティの解体と概括的に把握しうる。古代ギリシアの演劇の中核を占めるのは、英雄詩に基づく英雄劇である。この英雄劇が英雄個人に終始スポットライトを当てた劇であること、この英雄が「家郷に安穏とすることなく、異郷で戦ったり外洋を旅したりしている」ことに、ハリソンは注目する。要するに英雄は、コスモポリタニズム（世界主義）を反映しているのである。当時のギリシア社会を単純に、今日の社会に類比することは慎まなければならない。それでもそこに、原初的なグローバル化＝個人化の傾向を見いだすこともできなくはない。であればこそ観客たちは、波乱に満ちた英雄たちの物語に感情移入できたのである。

## 美のコミュニティ

社会学的に「芸術（art）」をどう定義するかは、なかなか難しい課題である。そもそも漢字の「芸」は、「藝」の略字である。「藝」は本来、「草木を植える」という意味の文字である。これに対して「芸」は、「草を刈る」という意味の文字である。したがって「藝」の略字に「芸」をあてるのは、明確な誤用である。しかしここでは、便宜上「藝」の略字として「芸」を用いるほかはない。その上で「芸」（本来は「藝」）が、「耕作」を意味する言葉であることは興味深い。日本語の「芸術」は明治以降、art の訳語として定着した言葉である。art はギリシア語の techne やラテン語の ars に由来する言葉で、「技術」を意味する。社会学的に見れば「芸術」は、創造者と鑑賞者の共同作業の産物である。したがってここでは、「芸術」をこう定義したいと思う。すなわち芸術とは、人々に「美」の感動をもたらす技術である。いったい「美」の感動は、いかにして人々の間で共有されるのか。

プラトンによれば芸術は、ロゴス（理性）やノモス（法律）ではなくパトス（感情）に基づく活動である。それゆえに詩人や画家の仕事は、低俗なものにとどまるというのがそこでのプラトンの主張であった。それに比べてカントは、芸術に対して公平な態度を示している。というのもカントは、芸術の問題にも正面から取り組んでいるからである。すなわちかれが、『判断力批判』を著したことがそれにあたる。『判断力批判』は『純粋理性批判』『実践理性批判』とともに、三批判書の一つに数えられる。かりに哲学の主題を「認識上の真」「倫理上の善」「審美上の美」の三つに分けるならば、『純粋理性批判』は「何が真であるか」、『実践理性批判』は「何が善であるか」、『判断力批判』は「何が美であるか」をそれぞれ問題にしている。この「何が美であるか」の判断をカントは、「美的判断（aesthetic judgement）」と呼ぶ。カントはそれを、どのように根拠づけようとするのか。

日本語の「蓼《たで》食う虫も好き好き」を英語では、“There is no accounting for tastes”と言う。人の好みが千差万別であることは、それらの諺の言う通りである。その一方で人と「気が合う」ことも、わたしたちの日常的経験に属する。この二律背反を解消するのにカントの『判断力批判』は、大いに有用である。カントによれば「美的判断」は、それ自体主観的なものである。しかしそれを、客観的なものにする固有の原理がある。それこそが「共通感覚（common sense）」である、とカントは言う。この用語は元々、アリストテレスに由来する。カントはそれを、「社会通念（common understanding）」と明確に区別する。その上で「共通感覚」は、「人々の構想力の自由な遊びから生じる結果である」と説く。今日では common sense は、「社会通念（常識）」という意味で解釈されるのが普通である。したがって「美的判断」の根拠としての「共通感覚」は、ほとんど人々の念頭にない。

しかしここでは、「共通感覚」の社会学的な再解釈を試みたいと思う。アレントの『カント政治哲学の講義』はカントの『判断力批判』を、一つの政治哲学として解読しようとする試みである。アレントはそこで、本書と同じ論点を取り上げている。つまりはカントが、「美的判断」の根拠を「共通感覚」においていることがそれである。その上でアレントは、「共通感覚」を「コミュニティ感覚（community sense）」と再解釈する。つまりは「共通感覚」の根底には、社会的な感覚の共有があるというのである。『判断力批判』の解釈としてそれが、哲学的に妥当かどうかは何とも言えない。しかしそこでのアレントの主張は、社会学的に興味深い。わたしたちはアレントの主張の延長線上で、こう言ってもよい。芸術的な創造や鑑賞を根拠づけるのは、人々による「美」の感覚の共有である。このような「美」の感覚を共有する人々の集団をさして、「美のコミュニティ」と呼ぶこともできる。

「美のコミュニティ」がいかなる形態をとるかは、一概に言えない。たとえば芸術家の集団が、長期にわたって同志的な結合（座や会）を維持することがある。あるいはまた創造者と鑑賞者の間で、一回限りの濃密なコミュニケーションが行われることもある。これらはいずれも、「美のコミュニティ」として解釈しうる一面をもつ。より重要なことは芸術が、コミュニティ的な結合を基盤としていることである。さきに見たようにハリソンは、「祭儀から演劇へ」という移行図式を提示した。芸術は祭儀から生まれ、芸術として独自の道を歩み出したというのが、かの女の主張であった。芸術が「美のコミュニティ」を基盤とすることは、芸術の根源を映し出している。すなわち

「美のコミュニティ」は、芸術が祭儀に由来することの痕跡なのである。コンサートは今日、多くの人々にとって祭儀と同等のものになっている。人々はそこで、音楽的な感動や熱狂を通じて「神」を体感するのである。

## 文化貴族

社会学の周辺では「階級（class）」は、悪弊として目の敵にされがちである。その一方で階級が、地上から撲滅される日はなかなか想定しがたい。たとえば旅客機の客席には、階級制度が厳然と生きている。そこでの「階級」が料金を反映したものであることは、改めて断るまでもない。「階級」の何であるかを客観的に問うことは、学問の領域でも存外難しい。そのような姿勢そのものが階級制度を容認するものとして、政治的な批判の対象になるからである。イギリスの作家J・クーパーの『階級』（邦題は『クラース』、原著は一九七九年刊）は半世紀近く前に、イギリスの階級制度を問題にした作品である。今日でもそれが、賞味期間を保っているかどうかについては別途検討の余地がある。しかしそれは、少なくとも一昔前のイギリスの階級制度のありようを知るには有用である。要するに読者は、オースティンの『プライドと偏見』を読むようなつもりで『階級』を読めばよいのである。

クーパーはそこで、階級をこう定義する。すなわち階級とは、出自・学歴・職業・財産・言葉・道徳・趣味・思考・態度などについて共通の特徴をもつ人々の集団である。もっとも人々が、この全項目について共通の特徴をもつことはありそうもない。それでは魔法のように階級を呼び起こすのは、いったい何か。その魔法の杖にあたるのは「わたしたちは仲間である」という想念――社会学ではそれを、階級意識と呼ぶ――ではないか、とわたしは思う。この想念の下では人々が、実際に共通の特徴をもつかどうかは重要ではない。人々は終始一貫、「自分たちは共通の特徴をもつ」と信じているのである。それはまさに、階級が一つの自己言及的な集団であることを示している。自己言及的な集団としての階級は、教団に類比しうる。たとえば教団のメンバーは、その教団に固有の儀礼を共有している。それと同じく階級のメンバーも、その階級に固有の儀礼を共有していると見ることができる。

クーパーは『階級』で、イギリスの上流・中流（その上層・中層・下層）・下流の各階級に特有の儀礼を縷々説き明かしている。たとえばかの女は、各階級の芸術的な嗜好（taste）にも多くの紙数を割いている。そこでのクーパーの記述は微に入り細を穿つもので、ここでの紹介には適さない。しかし一つだけ紹介するならば、かの女はこう断じている。上流階級はヴィヴァルディ、ハイドン、モーツァルトを好み、上層中流階級はベートーヴェン、ブラームス、マーラーを好み、下層中流階級はメンデルスゾーン、チャイコフスキー、グリーグを好む。おそらくクラシック以外の音楽も含めれば、そこでの分析はより複雑なものになるであろう（上層中流階級を自任するクーパーには、その仕事は荷が重いと推察される）。教団のメンバーはこれまで、特定の音楽や美術を信奉することで集団的な結束を図ってきた。階級のメンバーが芸術的な嗜好を共有することは、それと機能的に等価である。

ブルデューは『ディスタンクシオン』(英語読みでは『ディスティンクション』)で、カントの『判断力批判』に社会学の立場から批判を加えている。事実『ディスタンクシオン』には、「社会学的な判断力批判」という副題も付されている。カントは「美的判断」を、人々の「共通感覚」に基づくものととらえた。これに対してブルデューは、「美的判断」に階級的な制約のあることに注目する。より具体的には「高度な」教育を受け、「高尚な」趣味をもつ人々がいる一方で、そうでない人々(「低度な」教育しか受けず、「低俗な」趣味にとどまる人々)がいるというのがブルデューの主張である。前者の人々をブルデューは、「文化貴族(cultural nobility)」と呼ぶ。著作の題名ともなっているdistinctionは、「差別化」(あるいは「卓越化」)を意味する用語である。「文化貴族」は自らを「文化平民」から差別化するために、芸術的な趣味を共有し、誇示しているとブルデューは説く。

その意味では『ディスタンクシオン』は、クーパーの『階級』と同様の問題を扱っている。ただし『ディスタンクシオン』では、階級は徹頭徹尾批判の対象となっている。その意味ではブルデューとクーパーは、まったく異なる陣営に属している。いやはたして、それはそうか。社会学者の間でブルデューは、いまでも大きな人気がある。一つにはそれは、多くの社会学者が階級を目の敵にしているからである。すなわちブルデューは、マルクスの後継者として神格化されている実情がある。わたしはここで、ブルデューの経歴を事細かに紹介するつもりはない。しかし客観的に見れば、ブルデュー自身が「文化貴族」の一人であることは明らかである。そしてそれは、ブルデューを信奉する社会学者の場合も同じである。おそらく『ディスタンクシオン』の読者は、大半が「文化貴族」に属するのであろうと思う。そこには教祖を中心として、奇妙な「美のコミュニティ」がかたちづくられている。

## ディオニュソス的なもの

いったい人間は、いかなる衝動によって芸術的な作品を生み出すのか。ニーチェは『悲劇の誕生』で、そのような芸術的な衝動の何であるかを問題にしている。ニーチェはそこで、ハリソンと同じく古代ギリシアの演劇を主要な題材としている。その分析を通じてニーチェが提示したのが、芸術的な衝動の二つの類型――「アポロン的なもの」と「ディオニュソス的なもの」――である（それらはともに、ギリシア神話における芸術の神々の名に由来する）。ニーチェによれば「アポロン的なもの」は、造形芸術（美術や建築）を特徴づける原理で、理知的な傾向をもち、秩序や均衡を愛好する。これに対して「ディオニュソス的なもの」は、非造形芸術（音楽や舞踊）を特徴づける原理で、情緒的な傾向をもち、混沌や陶酔を愛好する。「アポロン的なもの」と「ディオニュソス的なもの」は相互に対立しながら、それぞれ芸術的な作品を創造してきたというのがそこでのニーチェの芸術観である。

その上でニーチェは、こう説く。「アポロン的なもの」と「ディオニュソス的なもの」の結合によって生まれたのが、ギリシア悲劇である。この二つの原理をどうとらえるかについてニーチェは、必ずしも明快な説明を行っていない。したがって後世、かれの「真意」の何であるかについて種々の解釈が行われてきた（あるいはまたニーチェに触発を受けて、この二つの原理について独自の解釈を試みた論者も多い）。わたしはここで、そこでの論議に決着をつけようというのではない。たんに宗教社会学の見地から、この二つの原理の再解釈を試みたいというだけの話である。結論から言えば「アポロン的なもの」と「ディオニュソス的なもの」は、ジンメルの「分離」と「結合」に対応しているのではないかとわたしは思う。ジンメルによれば社会のメンバーは、恒常的に「分離」と「結合」を繰り返している。その意味で「分離」と「結合」は、人間の社会構築の基本的な形式の一つにあたる。

『悲劇の誕生』でニーチェは、「アポロン的なもの」を「個別性（individuality）の原理」と言い換えている。社会的な場面ではそれは、「個人が個人であること」をさす。ニーチェはそれを、一つの苦境ととらえる。そして「ディオニュソス的なもの」によって、この苦境を乗り越えることにギリシア悲劇の本質を見いだしている。その意味では「ディオニュソス的なもの」は、「共同性（communality）の原理」とも言い換えられる。ニーチェはこう言う。「ディオニュソス的なもの」を通じて人々は、相互に結束し、和解し、融合し合う。ニーチェは古代ギリシアの演劇では、舞台と客席（演者と観客）が一体のものであったことを強調している。まさしくそれは、演劇が一つの祭儀であったことを意味している。ニーチェは『悲劇の誕生』を、ワーグナーに捧げている。「ディオニュソス的なもの」はワーグナーの楽劇にも見いだされる、というのがそこでのニーチェの現実的な関心であった。

渡辺裕は『聴衆の誕生』で、「近代的聴衆」の誕生・動揺・崩壊の過程を足早に辿っている。渡辺はそこで、クラシック音楽の受容に中心的な関心をおいている。渡辺によれば「近代的聴衆」は、「もっぱら音楽を聴くために演奏会に出かけてゆき、静まりかえったホールの中で物音一つ立てずにじっと音楽に聴き入る」人々をさす。階級的にはかれらは、上流階級や下流階級ではなく中流階級に属している。ここでは「近代的聴衆」が、「ディオニュソス的なもの」ではなく「アポロン的なもの」と親和性をもつことに注目したい。要するに芸術と祭儀を明確に区分し、芸術をそれ自体として「鑑賞」することが、「近代的聴衆」の存在理由である。もっとも『聴衆の誕生』を読む限り、それが一つの「虚構」であったことは明らかである。つまりは「アポロン的なもの」が、恒常的に「ディオニュソス的なもの」の侵犯にさらされてきたのがクラシック音楽の「鑑賞」の歴史であったように映る。

クラシック音楽の「鑑賞」はそれ自体、「高尚な」芸術と「低俗な」芸術の区分の上に成り立っている。そしてクラシック音楽の愛好者が、ポピュラー音楽の愛好者よりも桁違いに少ないことは改めて断るまでもない。ポピュラー音楽の何であるかを概括的にとらえることは、そう容易ではない。しかしそれが、「ディオニュソス的なもの」と親近性をもつことは多くの実例からも明らかである。バウマンは『コミュニティ』で、「祭りのコミュニティ」という概念を提起した。すなわち何かを契機として、本来はバラバラな人々の間に一時的・擬似的な一体感が生じるのが「祭りのコミュニティ」である（同じ形態のコミュニティをバウマンは、「ペグ・コミュニティ」「美のコミュニティ」などとも呼んでいる）。その「祭りのコミュニティ」のなかにバウマンは、ポップ・フェスティバルも含めている。人々はそれに参加することで、「ディオニュソス的なもの」を体感するのであろうと思う。

## 黒川能

ポルトガル人の宣教師（イエズス会士）ルイス・フロイスは一五六三年から九七年までの三五年間、日本で宣教活動を行った。この間フロイスは、信長や秀吉にも拝謁している。そしてまたフロイスは、旺盛な執筆活動を行ったことでも知られる（ただしかれの著作の草稿は、二〇世紀半ばまでスペインの書庫に長く埋もれていた）。かれの著作のなかで社会学的に注目しうるのは、『日欧文化比較』（と一般に称される作品）である。文字通りそれは、日欧の文化の比較を箇条書き風に記した作品である。したがってそこで、学問的な比較社会学が展開されているわけではない。それでもそれは、比較社会学の第一級の資料としての価値をもっている。そのなかでフロイスは、芸術についても関心を向けている。たとえばかれは、こう書く。「わたしたちの間では、貴人の音楽は庶民の音楽よりも美しい。日本では、貴人の音楽は聴くに堪えない。水夫の音楽がわたしたちを楽しませてくれる」。

この耳障りな「貴人の音楽」は能の謡《うたい》であり、心地よい「水夫の音楽」は船歌である、と注釈者は記している。能は当時、武士の嗜みの一つとされていた。たとえば信長や秀吉が、能の愛好者であったことは広く知られている。フロイスの『日本史』にはかれと別の修道士が、信長から能（の一部らしいもの）を見せられる場面がある。その際フロイスが、大いに退屈したであろうことは想像に難くない。わたしは一応、能を趣味にしている。能楽堂に時々、能の公演を見に行くだけではない。能楽師の先生の下で謡の稽古を始めてから、すでに結構な年月が経つ。と書くとわたしが、フロイスとは「美」の感覚を異にしているとの印象を与えるかもしれない。しかし実際に、素人の謡ほど聴くに堪えないものはない。そしてまた能楽鑑賞は、つねに睡魔との戦いである。かつてフランスの文化使節団一行が能を見せられたときに、その団員の一人はこう言ったという。「能は死ぬほど退屈である」。

それに対して日本の知識人の間には、大いに反発する声もあった。それでは日本の一般人が能を見せられたとすれば、どう感じるであろうか。おそらくかれらの大半が、「能は死ぬほど退屈である」と感じるに違いない。まさしくそれが、一般人の「共通感覚」なのである。能は長年、「文化貴族」の芸術であり続けてきた。しかしまたそれが、ローカルな人々の間で伝承されてきた事例が多数あることは興味深い。山形県鶴岡市の黒川地区に伝わる黒川能は、そのなかでも最も有名なものである。そこでは春日神社の神事として、五〇〇年以上にわたって能が伝承されてきた。民俗芸能としての黒川能は、芸術ではなく神事としての能の性格をとどめていること、能楽師ではなく素人衆（地区の人々）が舞台を務めることにおいて特筆に値する。そこでは能は、「神への奉納神事」として位置づけられている。しかしまたそれは、人々の社会的な結合の紐帯であるというのが宗教社会学的な解釈である。

黒川能の中心に位置するのは、二月初旬に行われる「王祇祭」である。今日ではＡＶ資料で、その一端に触れることもできる。しかし現地での実演を見ることなく、それについて語ることは許されない。わたしは出羽三山参りの帰路に、黒川地区に立ち寄った経験があるだけである。それでも春日神社の舞台を見たり、地元の方々から話を聞いたりしたことは、深く印象に残っている。能の「翁」には翁太夫（シテ）が、舞台の中央で正面に向かって一礼する所作がある。通常これは、「神への一礼」として説明される。しかし能楽堂で何度それを見ても、しっくりきたことがない。もし春日神社の舞台で「翁」が舞われたら、その一礼はごく自然に映るであろうとわたしは思った。地元の方々によればかつては、男たちがこぞって「冬の出稼ぎ」に行った時代もあった。それでも男たちは、祭りの時期には地元に戻って来ていた。かくも祭りは、かれらの生活の根幹をかたちづくっていたのである。

能のシテ方は今日、五つの流儀（観世・金春・宝生・金剛・喜多）に分かれている。この五流は一応、いまでも神事との関係を保っている。たとえばわたしの先生は、毎年「春日若宮おん祭」で能を奉納されている。あるいはまた各地の薪能は、いまでも神事能の様式をとるのが普通である。それにしても五流の能が、祭儀性よりも芸術性に重点をおいていることは否定しがたい。折口信夫は一九三六年、現地で黒川能を見た。その一方でかれは、同年に催された黒川能の東京公演は見逃した。それについてかれは、仮定法を使ってこう記している。能楽堂で黒川能を見ても、現地で見るときの陶酔感は得られなかったであろう。現地で演じられる黒川能が、人々に陶酔感をもたらすとすればそれはなぜか。おそらくそれは、「神人一体の宴《うたげ》の場」がそこに現出するからであろうと思う。もし「神」が社会の象徴的表現であるならば、人々はそこでコミュニティ的な結合を確認し合っているのである。

日本語では「芸術」と「芸能」の間に、必ずしも判然としない一線が引かれている。すなわち前者は「高尚」であり、後者は「低俗」であるというのが、そこでの暗黙の了解である。しかし「芸能」は、英語では performing art である。そこでは「芸能」は、「芸術」の一つの形態として公平に位置づけられている。柳田國男は『不幸なる芸術』のなかで、ヲコの者（fool）を演じて人を楽しませることを「芸術」の一つとしてとらえている。端的に言えばそれは、「笑い」の芸術（ないしは芸能）である。「笑い」の芸術は今日、職業的な芸能者によって多彩に展開されている。しかしどんな集団のなかにも、非職業的な「笑い」の芸術家がいる。社会学的に見ればかれらは、「笑い」を通じて人々の一体感を創造する役割を果たしている。――芸術が人々の一体感を創造する魔術であるとすれば、スポーツもまたそれと同じである。わたしたちは次に、スポーツについて考えてみることにしよう。

# 9章

# スポーツ

## 国民的一体感の醸成

## スポーツ観戦

芸術鑑賞は今日、人々の生活のなかで大きな比重を占めている。それと同等の比重を占めているのが、スポーツ観戦である。それらはいずれも、人々が「感動」や「興奮」を期待する活動となっている。社会学的に見れば芸術もスポーツも、一つのコミュニケーションの過程である。すなわちそれは、送り手（創造者や競技者）と受け手（鑑賞者や観戦者）の相互作用の上に成り立っている（実際には送り手と受け手は、その立場をたえず入れ替えている。ここでは便宜的に、送り手＝創造者や競技者、受け手＝鑑賞者や観戦者と仮定しているだけである）。その際わたしたちは、コミュニケーションの送り手になることもあれば、受け手になることもある。そのうち自分自身がコミュニケーションの受け手になる場合が、芸術鑑賞やスポーツ観戦である。芸術鑑賞やスポーツ観戦は今日、①現地で直接的にそれを行う場合と、②マス・メディアを通じて間接的にそれを行う場合の二つに分けられる。

人々の生活のなかで今日大きな比重を占めつつあるのは、②のマス・メディアを通じての間接的な芸術鑑賞やスポーツ観戦である。しかしまた①の現地での直接的な芸術鑑賞やスポーツ観戦が、その価値を失いつつあるわけではない。実際には②の比重が高まれば高まるほど、①の価値がますます際立つという複雑な関係がそこにはある。わたしは芸術鑑賞とスポーツ観戦では、どちらかと言えば芸術派に属する（いったい本書の読者は、芸術派とスポーツ派のどちらに属しているのであろうか)。しかしスポーツ観戦も、わたしの生活のなかにしっかりと組み込まれている。その大半はさきの区分に従えば、②のマス・メディアを通じての間接的なスポーツ観戦である。より具体的にはわたしは、TVやインターネットなどを通じて各種のスポーツを観戦している(TVでは生中継でスポーツを観戦することが多く、インターネットでは録画でスポーツを観戦することが多い、という違いがある)。

しかしわたしも、時には現地で直接的にスポーツを観戦することがある。サッカーの天皇杯の決勝はかつて、一月一日に旧国立競技場で行われていた(いまは一月一日に、新国立競技場で行われている)。その観戦にわたしは、複数回出かけたことがある。わたしはそこへ、特定のチームの応援のために出かけたのではない。神社に初詣に行くようなつもりで、そこに行ったというのが正直な心境である。わたしはスタジアムの中央に陣取って、両チームに惜しみなく声援を送った。そして優勝チームに天皇杯が授与されるときには、こちらまで晴れやかな気持ちになった。一月二日から三日にかけては旧東海道(現国道一号線)に沿って、いわゆる箱根駅伝が行われる。わたしはそれを、同じく複数回沿道で観戦したことがある。そのときにもわたしは、各チームに惜しみなく声援を送った。いや沿道の人々とともに、上位のチームに対するのと同等以上の熱い声援を下位のチームに対して送った。

正月の天皇杯の決勝や箱根駅伝は人々にとって、ほとんど年中行事と化している。したがって極端に言えば、優勝チームはどこでもよいといった一面がある。大半の人々はそれを、全国放送のT

Vの生中継で見る。あたかもそこでは、一つの国民的な儀礼が行われているかのようである。すなわちそれは、スポーツを通して新年の幸福を占ったり願ったりする儀礼である。かつては子どもが、「正月の遊び」に興じた時代もあった。たとえばそれは、羽根突き、凧揚げ、いろはかるた（百人一首）、福笑い、すごろく、独楽《こま》回し、だるま落としなどである。それらはいずれも、原初的なスポーツとしての性格をもっている。そして人々が、スポーツを通して新年の幸福を占ったり願ったりしたのはそこでも同じである。いまでは「正月の遊び」は、人々の視界から姿を消してしまった。そして「正月のスポーツ」――天皇杯の決勝や箱根駅伝――が、「正月の遊び」に取って代わるものになっている。

三〇年近く前に日本史のK先生と、滋賀県野洲町（現野洲市）の三上地区に伝わる相撲神事を見学に行ったことがある。そこでは宮座（氏子の祭祀組織）が、いまだに神事を行っていた。神社の門前で夜間、神事が始まった。明かりは篝火と提灯だけで、周囲は真っ暗である。いまでも印象に残るのは、暗がりから猿田彦が現れて、人々に向けて鼻クソを放つ仕草をしたことである（猿田彦はそこで、「神と人の間を取り持つ」役割を負っているとのことであった）。その後「神人共食」の儀礼（直会《なおらい》）を経て、子ども相撲となった。東西の宮座から合計八名の子どもが出て、四組の相撲をとるというのが、それである。地域の子どもが白いまわし姿で現れただけで、その場の空気が和《な》ごんだ。古来若者たちは、神前で各自の身体能力や運動技能を競い合ってきた。そのような競技が成り立つには、競技の観戦者がなくてはならなかった。わたしはそこに、スポーツの原点を見いださずにはいられない。

## フットボール

英語のsport（米語ではsports）は元々、disportという言葉に由来する。そしてdisportは、自動詞では「楽しむ」、他動詞では「楽しませる」（disport oneselfで「楽しむ」）という意味をもつ。したがってスポーツは、「楽しみ」を原義とする言葉である。『オックスフォード英語辞典』（OED）はスポーツを、こう規定する。「スポーツは、身体運動や身体技能〔の使用〕をともなう活動であるが、とりわけ（近代の用例では）一定の規則や慣習の下で、個人や団体が相互に〔運動能力を〕競い合う活動をさして、スポーツと呼ぶ」。その上でOEDは、「スポーツ」の変遷についてこう注記している。本来それは、「気晴らし」や「楽しみ」を意味する言葉である。一八世紀から一九世紀にかけて「スポーツ」は、狩り、射撃、釣りなどをさす言葉であった。一九世紀において一連の団体競技（サッカー、ラグビー、クリケット、体操など）が、身体競技としてのスポーツの概念を強化した。

キツネ狩りは今日、「流血のスポーツ（blood sport）」として悪名高い（イギリスでは現在、法的に禁止されている）。しかしそれは、かつては「貴族のスポーツ」を代表するものであった。カズオ・イシグロの小説『日の名残り』を映画化した作品（J・アイヴォリー監督）には、キツネ狩りの場面がある。おそらく監督は、それをもって貴族の生活の何であるかを表現したかったのであろう。

これに対して「庶民のスポーツ」を代表するものは、サッカーである。念のために言えばサッカーの正式の呼称は、アソシエーション式フットボール（association football）である。これに対してラグビーの正式の呼称は、ラグビー式フットボール（rugby football）である。日本においてサッカー部が「ア式蹴球部」、ラグビー部が「ラ式蹴球部」を自称する場合があるのは、これに由来している。サッカーとラグビーは元々、フットボールから生まれた――きょうだい関係にある――スポーツである。

それではフットボール（蹴球）とは、いったい何か。端的に言えばそれは、①不特定多数の人々が、②日曜日や祝祭日に、③野原や街路で行った、④格闘的球技である。しかしフットボールとは何かを明快に説き明かすことは、原理的に困難である。というのもフットボールは、ルールが必ずしも明確でない球技であったからである。アメリカの英文学者F・P・マグーン・ジュニアの『フットボールの社会史』によればフットボールの歴史は、まさしく乱闘と騒乱によって彩られている。これに対して各種の統治者（国王・市長・学長など）は、フットボールの禁止令を発し続けた。にもかかわらず人々は、フットボールを愛し続けたというのがそこでの対立の構図である。とりわけ告解火曜日（謝肉祭の最終日、灰の水曜日の前日）にフットボールを楽しむことは、人々の大きな喜びであったという。ニーチェの表現を借りればフットボールは、ディオニュソス的な祝祭性を帯びていたのである〔8章芸術〕。

フットボールが競技スポーツとして進化するには、ルールの整備が必要であった。それについて大きな役割を果たしたのは、学校（とりわけパブリックスクール）とフットボール・クラブであった。そこでのルールの整備を通じてフットボールは、大きく二つに分岐した。すなわちそれが、サッカーとラグビーである（実際にはフットボールは、より細かく分岐している。たとえばアメリカン・フットボールも、文字通りフットボールに起源をもつ。しかしここでは、話を単純にするためにサッカーとラグビーの分岐だけを問題にする）。一八六三年イングランドで、Football Association（「英国サッカー協会」と訳される）が結成された。一般にこれが、競技スポーツとしてのサッカーの起点と理解されている。すなわちサッカーとは、この団体のルールに基づくフットボールをさす。なお英語のsoccerは、association（協会）のsocにer（…する者）を連結した造語であることを付記しておく。

これに対してラグビーは、パブリックスクールのラグビー校に由来する呼称である。すなわちラグビーは、ラグビー校のルールに基づくフットボールをさす。一八七一年同じくイングランドで、Rugby Football Union（「英国ラグビー協会」と訳される）が結成された。一般にこれが、競技スポーツとしてのラグビーの起点と理解されている。サッカーとラグビーの成立によってフットボールは、それ以前と大きく様変わりした。すなわちフットボールは、一定のルールの下で行われるようになった。それによってフットボールは、ディオニュソス的なものと絶縁したのであろうか。おそらくそれは、そうではないであろう。たとえばフーリガンの問題は、フットボールとディオニュソス的なものの親和性を鮮明に映し出している。いやそれは、一部の暴力的ファンに限った話でもないかもしれない。一般のファンも程度の差こそあれ、スポーツに「興奮」と「感動」を求め続けているからである。

## 興奮の追求

N・エリアスとE・ダニングの共著『興奮の追求』（邦題『スポーツと文明化』）は、スポーツ社会学の古典的作品である。その序論でエリアスは、スポーツが社会学の主題として必ずしも注目されてこなかったことを指摘する。その上でかれは、自らの「文明化」の理論がスポーツの分析にも適用できると言う。エリアスによれば「文明化」は、人々が礼儀に適った行動様式をとることを言う。あるいはまたそれは、人々が生理的・本能的な衝動を制御することである。その「文明化(civilization)」の過程——宮廷社会の「礼儀（civility）」が社会全体へ浸透していった過程——を歴史的に分析したのが、かれの『文明化の過程』であった。それでは「文明化」の理論は、スポーツの分析にどのように適用できるのか。身体競技としてのスポーツは「暴力の規制」の上に成り立っている、とエリアスは説く。つまりはスポーツの成立そのものが、「文明化」の過程に対応しているというのである。

『興奮の追求』でエリアスは、スポーツの一つの起点を一八世紀のイギリスにおけるキツネ狩りにおいている。そして一九世紀のイギリスにおける競技スポーツ（サッカーやラグビーなど）の登場をもって、スポーツの歴史が本格的に幕を開けたと言う。なぜスポーツは、一八—一九世紀のイギリスにおいて成立したのか。そのアリアドネの糸は同時代のイギリスで、議会政治もまた成立していることにあるとエリアスは言う。かれによれば一八―一九世紀のイギリスにおいて、スポーツと議会政治が同時に成立したのは偶然ではない。というのもスポーツと議会政治は、いずれも紳士階級の人々を中心的な担い手とし、暴力の規制の上に成り立っていたからである。たしかにスポーツと議会政治は、いずれも平和的な戦争――一定のルールの下での非暴力的な闘争――を志向するシステムである。それらが同時に成立した背景には、紳士階級の人々の「礼儀」があったというのがエリアスの主張である。

たとえば格闘技（ボクシング、レスリングなど）の選手は、一定の枠内で自らの生理的・本能的な衝動を抑制する。しかしそれは、「一定の枠内で自らの生理的・本能的な衝動を解放する」というのと同義である。のみならず「一定の枠内で自らの生理的・本能的な衝動を解放する」のは、格闘技の観客も同じである。すなわちかれらは、格闘技の観戦に際して――一定の枠内ではあっても――思いのままに感情を表出する。『興奮の追求』でエリアスは、的確にもこう説く。スポーツは今日、人々にとって「興奮」や「感動」を追求する機会となっている。かれによれば今日の「文明化」した社会において、人々は自らの感情や衝動の抑制を日常的に求められている。そのなかでスポーツ観戦は、自らの感情や衝動の抑制を一時的に解除しうる絶好の機会であるというのである。かくしてスポーツは、「暴力の規制」と「興奮の追求」の微妙な均衡の上に立つと社会学的に再解釈することができる。

スポーツ観戦は通常は、集団的に行われる。すなわち互いによく知らない多くの仲間たちと一緒に行うのが、スポーツ観戦である。宗教社会学の泰斗であるデュルケームとウェーバーは、宗教的場面での人々の熱狂状態をそれぞれ概念化している。すなわちデュルケームは、それを「集合沸騰」と呼んでいる。そしてまたウェーバーは、それを「オルギー」と呼んでいる。スポーツ観戦は今日、そのような宗教的な熱狂・狂躁状態に類比できる一面をもつ（同様にポピュラー音楽のライブ鑑賞も、そのような一面を濃厚にもつ）。その際スポーツ観戦を特徴づけるのは、「味方（friend）の応援」の形態をとることが多いことである。というのもスポーツ競技は、原則として個人や団体間の試合として行われるからである。そこでは選手の間のみならず、観客の間にも「敵方」と「味方」の対立がある。そしてそうであるがゆえに、「味方の応援」にますます熱が入るというのがそこでの構図である。

　スポーツ観戦を現地で行う場合には、そのような「敵方」と「味方」の対立の構図は鮮明である。しかし今日では、スポーツ観戦は各種のメディアを通じて行うことが多い。そしてそこでも、「敵方」と「味方」の対立の構図は基本的に生きている。それを実現しているのは、人々のイマジネーションにほかならない。たとえば人物Ａが、ＴＶの生中継でＢチーム対Ｃチームの試合を観戦しているとしよう。そしてＢチームが、Ａの贔屓《ひいき》チームであるとしよう。この場合Ａは、Ｂチームを応援する集団の一人として自らをイメージしうる。それはまさに、「想像のコミュニティ」の一つの形態にあたる。おそらくＡは、そこでの試合展開に一喜一憂するであろう。そしてＢチームの勝敗を、「わたしたち」の勝敗として受け止めるであろう。スポーツは今日、人々のコミュニティ的な結合の中心をかたちづくっている。いまではスポーツが、かつての宗教の代役を務めていると言っても過言ではない。

## オリンピック

ホイジンガは『ホモ・ルーデンス』の最終章で、スポーツについても触れている。ホイジンガはそこで、こう説く。スポーツは本来、「遊び（play）」の領域に属している。しかし今日、それは「遊び」の領域を去りつつある。かれはそこで、一九世紀後半以降の競技スポーツの成立を問題にしている。そこではルールの厳格化・細分化が進行するとともに、プロの競技者とアマの競技者の区分が明瞭になる。プロの競技者にとってスポーツは、もはや「遊び」ではなくなっているとかれは言う。ホイジンガによれば「遊び」は、①聖なる（非日常的な）世界を、②一定の時間的・空間的な制約のなかで、③自由に（義務に縛られずに）構築する活動である。その意味では「遊び」は、宗教的な活動とほとんど同等の活動であるとかれは説く。しかし古代のスポーツが「遊び」のカテゴリーに含まれるのに対して、近代のスポーツはそうではないというのがそこでのホイジンガの現実的な認識であった。

近代オリンピックは現在、夏季大会と冬季大会がそれぞれ四年に一回世界のどこかの都市で開催される総合スポーツ大会である。よく知られるようにそれは、古代オリンピックに一つの淵源をもつ。古代オリンピックは紀元前九世紀から紀元後四世紀にかけて、古代ギリシアのエーリス地方のオリュンピアを舞台として四年に一回開催された競技会である。その起源については神話的な記述も含めて、諸説がある。そしてまた競技会の実態についても、種々の時代的な変遷がある。それらを詳細に紹介することは、本書の任務ではない。ここでは古代オリンピックが、宗教的な祭儀として位置づけられていたことを確認すれば十分である。すなわちそれは、正式には「オリュンピア競技大祭」と呼ばれる（これを含めて当時、四つの「競技大祭」があった）。古代においてスポーツは、神前で奉納されるものであった。ホイジンガが説くようにスポーツは、元々宗教と密接に結びついていたのである。

古代オリンピックの開催中はギリシア全土で、休戦協定が結ばれた。そこからオリンピックは「平和の祭典」であるとの理解が、人々の間で共有されるようになった。社会学的に見ればスポーツ競技が成立するには、競技者の間で一定のルールが共有されていなければならない。言い換えれば競技者の間に一定の信頼関係のない限り、スポーツ競技自体が成立しえない。したがってオリンピックが「平和の祭典」と呼ばれることには、論理的必然性がある。それはまさに、政治的に敵対する国々を一つに結びつける潜在力をもっているのである。今日ではスポーツが、戦争の「代替行為」であるとの見解をよく耳にする。もしそうであれば、スポーツは戦争と何ら選ぶところのない活動ということになる。しかしホイジンガは、戦争そのものがスポーツとしての一面をもっていたことを強調している。すなわち戦争もまた、スポーツと同じく一定のルールの下で行われたというのがかれの主張である。

一九世紀末にP・ド・クーベルタンは、古代オリンピックの復興を企図して、国際的なスポーツ大会の開催を提唱した。クーベルタンとかれに賛同する人々によって国際オリンピック委員会（IOC）が組織され、一八九六年ギリシアのアテネで第一回夏季オリンピック大会が開催された。その後夏季大会は、戦争によって中止になった大会を含めて二〇一六年のリオデジャネイロ大会（ブラジル）まで三一回開催されている。そしてまた冬季大会は、一九二四年のシャモニー・モンブラン大会（フランス）から二〇一八年の平昌大会（韓国）まで二三回開催されている。大略これが、近代オリンピックの歴史である。当初オリンピックの中核的な理念にあたるのは、アマチュアリズムであった。その原語であるアマチュア（愛好家）は、プロフェッショナル（専門家）の対義語である。すなわちアマチュアリズムとは、スポーツを専門家の仕事ではなく愛好家の趣味としてとらえる態度をさす。

社会学的に見ればアマチュアリズムは、紳士階級の人々の利害を反映している。かれらはアマチュアリズムによって、スポーツの階級的独占の維持を願っていたのである。しかしアマチュアリズムは、その後のスポーツの大衆化と商業化の趨勢に抗すべくもなかった。そしてアマチュアリズムに代わって、プロフェッショナリズムがスポーツを支配するようになった。すなわちスポーツを、金銭の取得のための手段とする人々の登場がそれである。オリンピック憲章から正式に「アマチュア条項」が削除されるのは、一九七〇年代になってからである。それ以降オリンピックは、名実ともに専門家の仕事になった。もっともそれは、選手にとってのオリンピックがそうであるというだけの話である。その一方で観客にとってのオリンピックは、愛好家の趣味であり続けている。より具体的にはオリンピックは、四年に一回「国民」（あるいは「世界」）を一つに結びつける宗教的な儀礼となっている。

## 現代の神話

リュミエール兄弟が世界最初の実写映画を作ったのは、一八九四年である。一八九六年にアテネで開催された第一回オリンピック大会についても、その様子が少しは映像に残っているらしい。最初にオリンピックの記録映画が製作されたのは、一九一二年の第五回ストックホルム大会（スウェーデン）のときである。そして一九三〇年代以降は、記録映画が毎回製作されるようになった。なぜオリンピックは、記録映画と親和性をもつのか。一つにはそれは、現地で競技を観戦できる人々が少ないからである。すなわち記録映画は、多数の人々にオリンピック観戦の機会を提供している。と同時にそれが、現代の神話としての性格をもつことに注目しないわけにはいかない。すなわち古代の神話には、古代の英雄が戦争においていかなる武勲を上げたかが華々しく記述されている。それと同様にオリンピックの記録映画には、現代のオリンピック選手が競技においていかなる偉業を成したかが麗々しく記録されている。

オリンピックの記録映画のなかで最も有名な作品の一つは、一九三六年の第一一回ベルリン大会の記録映画であるL・リーフェンシュタール監督の『オリンピア』（一九三八年）である。この作品の前にリーフェンシュタールは、一九三四年のニュルンベルグでのナチ党の党大会の記録映画『意志の勝利』(一九三五年)を製作している。その映画は冒頭、ナチ党の党首にしてナチス・ドイツの総統ヒトラーが飛行機でニュルンベルグに到着するシークエンスから始まる。かれはそこで、まさに天上から降臨した存在として描かれている。映画のなかでヒトラーは、たえず人々から「勝利万歳(Sieg Heil)」「ヒトラー万歳(Heil Hitler)」などの敬礼を受けている。とりわけ突撃隊(SA)と親衛隊(SS)への隊旗授与式において、かれが数十万の党員から敬礼を受ける場面は圧巻である。映画は全編を通じて、そこでの党員たちの結合を一つの「信仰のコミュニティ」として映し出している。

『オリンピア』には各国向けに、一六もの編集版があるらしい。もちろんそれは、自国の選手の活躍に関心のある各国の観客への配慮による。しかしここで、その各国編集版の異同を穿鑿してもしかたがない(ここでは一応、手元のアメリカ版をもとに話を進める)。『オリンピア』は各国編集版を通じて、第一部「民族の祭典」(開会式や陸上競技を扱っている)と第二部「美の祭典」(陸上競技以外の競技や閉会式を扱っている)の二部で構成されている。オリンピックで聖火リレーが行われたのは、一九三六年のベルリン大会が最初である。古代オリンピックでは大会期間中、神殿に「聖火」が灯されていたと言う。近代オリンピックで「聖火」をめぐる種々の儀礼が行われるのは、この故事に因んだものである。『オリンピア』では冒頭、ギリシアからドイツまでの聖火リレーが象徴的に表現される。それによって映画は、オリンピックを宗教的なものと結びつけようとしているのであろう。

一九三六年のベルリンオリンピックは別名、「ヒトラーのオリンピック」とも呼ばれる。すなわちそれは、ナチス・ドイツの国威発揚のための大会であったというのである。そしてまたリーフェンシュタールの『オリンピア』も、ナチス・ドイツのプロパガンダ（政治的宣伝）映画のカテゴリーに含められることが多い。必ずしもそれが、露骨に政治的な作品であると言うわけではない。しかしそれは、芸術的である（政治的でない）がゆえに政治的であるという逆説的な一面をもつ。ひょっとしたら『オリンピア』の観客は、「ヒトラーもそう捨てたものではない」と感じたかもしれない。要するにスポーツは、ヒトラーによって巧妙に利用されたのである。もっともオリンピックが、国威発揚のために開催されることは珍しいことではない。のみならず参加国も、オリンピックを国威発揚のために活用している。各種メディアが国別メダル獲得数の順位に大きな関心をもつのは、その一例である。

一九六四（昭和三九）年の東京オリンピックも開催国の日本にとって、国威発揚の目的をもつものであった。すなわちそれは、第二次世界大戦後の日本の国際社会への復帰を内外に宣言する大会であった。その記録映画である市川崑総監督の『東京オリンピック』（一九六五年）は、当時「記録か芸術か」という議論を呼んだ——具体的にはそれが、「記録性を欠く」のではないかという批判を生んだ——作品である。要するに市川は、記録性よりも芸術性を重視していたのである。市川の作品が国民的統合の形成に、どれほど貢献したかについては何とも言えない。もっとも時代は、すでに映画の時代からＴＶの時代に移行しつつあった。一九六四年の東京オリンピックは新興のＴＶメディアを通じて、「国民の祭典」になったと言ってもよい。その延長線上で二〇二一（令和三）年に開催予定の東京オリンピックがどのように人々の結合に影響を及ぼすかは、最新の社会学的課題の一つである。

## ナショナルな格闘技

柔道がオリンピック種目になったのは、一九六四年の東京オリンピックからである。いまではそれは、国際的な競技スポーツとして揺るぎない地位を築いている。藤堂良明の『柔道の歴史と文化』によれば柔道の歴史は、おおよそ次のようなものである。①柔道は元々、武術としての柔術に由来する。そして柔術は、武芸としての組討ち（戦場での取っ組み合い）に由来する。しかし柔術が柔術として成立する――流派ごとに技法や理論が整備される――のは、近世になってからである（藤堂によれば近世には、一六七もの流派があったという）。②嘉納治五郎は明治一五（一八八二）年、講道館柔道を創始した。これは諸流の柔術を、「心身の教育システム」（藤堂）として再編成したものである。この武道としての柔道は学校・警察などでの採用を通じて、全国的に盛行した。③第二次世界大戦後（とりわけ一九六四年の東京オリンピック以降）それは、競技スポーツとして国際的に普及した。

いったい武術としての柔術と武道としての柔道は、どのように異なるのか。ここでもまたエリアスの「文明化」の理論が適用できるのではないか、とわたしは思う。元々柔術には、当身技《あてみわざ》——「突く」「殴る」「蹴る」などの技——が多く含まれていた。しかし柔道は、それを排斥する方向に進んだ（より厳密には当身技は、「形《かた》」としては柔道のなかに残っている。しかし危険な技として、通常の試合では禁止されている）。今日の試合や稽古の情景からも明らかなように柔道は、「相手と組んで（相手の道着の襟や袖を摑んで）技を掛け合うこと」を試合や稽古の基本におくとともに、「相当な勢いをもって相手を仰向けに倒すこと」を「一本」（勝負の決着）の条件とした。のみならず「礼に始まり礼に終わる」ことは、今日にいたるまで柔道の基本的な作法であり続けている。そこでは柔術から柔道への移行が、一つの「文明化」——暴力性の排除——の過程であったことが明示されている。

社会学的に見れば諸流の柔術は、ローカルな格闘技であった。これに対して講道館柔道は、ナショナルな格闘技であった。講道館が全国一律の規程を制定したり、全国規模の大会を開催したりしたことは、そのような文脈で解釈しうる。嘉納は柔道を、「国民体育」として編成しようとした。つまりは柔道を通じて、国家に有為な人材を育成することが嘉納の理想であった。このような嘉納の理想がどこまで実現したかについては、別途検討の余地がある。とりわけ柔道が国際的な競技スポーツになるにつれて、柔道の基本理念は次第に判然としなくなった。その一方で柔道の歴史は、数々の個性的な柔道家たちを輩出してきた。黒澤明の『姿三四郎』（一九四三年）の主人公である柔道家・姿三四郎は、嘉納の門弟・西郷四郎をモデルとしている。三四郎はそこで、ほとんど求道者のように描かれている。映画では泥池のなかの蓮の花を見たことが、三四郎の仏教的な「回心《えしん》」の契機となっている。

昭和一二（一九三七）年から昭和二四（一九四九）年まで全日本選手権（前身の大会や代替の大会を含む）を一三年間保持し続けた柔道家に、木村政彦がいる。木村が伝説の柔道家であることは、「木村の前に木村なく、木村の後に木村なし」といった賛辞からもうかがえる。その後木村は、プロの柔道家に転身する。さらにプロレスラーに再転身し、アメリカやブラジルにも遠征した。木村の格闘家人生の謎とされているのは、昭和二九（一九五四）年一二月二二日に行われた力道山との試合（日本プロレス選手権試合）で敗北を喫したことである。この試合は当時、「真剣勝負」と喧伝されていた。しかし実際には台本があり、しかもそれを力道山が破ったというのが、事態の真相らしい（増田俊也『木村政彦はなぜ力道山を殺さなかったのか』）。いずれにしても力道山は、この試合を契機として国民的スターダムに上り詰める。そのことを後押ししたのは、草創期のTV放送であった。

当時多くの人々が、街頭TVで力道山の試合を観戦した。わたしの年代は力道山の試合を、TVの生放送で観戦していない（力道山は酒場での喧嘩がもとで、昭和三八年に亡くなっている）。わたしの年代にとってのプロレス界のスターは、力道山の門弟である馬場と猪木である。当時はTVで、プロレス中継がごく日常的に行われていた。そして日本人レスラーが、激闘の末に外国人レスラーに勝つというのがそこでのお定まりの展開であった。それが台本通りの展開であることに、当時の観戦者も薄々気づいていたと思う。しかしそこでの試合の展開は、「わたしたち」の溜飲を下げるのには十分であった。つまりは当時のプロレス観戦は、戦争の記憶のなかで行われていた。そしてそれは、人々の国民的統合に一役買ったと言わねばならない。当然のことながらプロレスでは、当身技が多用される。多くの人々はそれをTVで観戦することに、日常的な「楽しみ」を見いだしていたのである。

わたしは最近、博多に出かけることが多い。先年偶々、「博多祇園山笠」の期間中に博多に滞在した。「博多祇園山笠」は本来、櫛田神社（福岡市博多区）の神事である（京都の祇園祭と同じくそれは、災厄防除のための祭礼である）。そこでは氏子たちが、地域ごとに山車《だし》を据えたり（飾り山笠）、担いだり（舁《か》き山笠）する。祭りのハイライトは七月一五日の早朝に、氏子たちが山車を担いで街中を走る「追い山」である。その際「追い山」が、地域対抗のタイムレース（短距離レースと長距離レースの二種目）の形態をとることは興味深い。氏子たちはそこで、スポーツを神前に奉納しているのと同じである。そのような神事を支えているのは、人々のコミュニティ的な結合にほかならない。——「博多祇園山笠」はいまでも、女人禁制の掟を守っている。のみならずスポーツ競技は、男女別で行われるのが原則である。わたしたちは次に、セクシュアリティについて考えてみることにしよう。

# 10章

# セクシュアリティ

## 「愛」の理想と現実

# 結婚式

先年姪っ子が、明治神宮で結婚式を挙げた。わたしは親族の一人として、それに参列した。わたしたちは――神職、巫女《みこ》、新郎新婦、両親、親族の順に――隊列を組んで、楼門から拝殿前の斎庭《ゆにわ》に入った。その途端わたしにとって、まったく想定外の出来事が起こった。すなわちそこには、多数の外国人観光客が待ち構えていて、隊列に向けて一斉にシャッターを切り始めた。どうやら神前結婚式は、外国人観光客の目に日本らしい光景の一つと映っているらしかった。その後奉賽《ほうさい》殿で、結婚式はつつがなく執り行われた。別の会場で催された披露宴について、ここであれこれ申し述べることは差し控える。当日わたしが社会学的に興味をもったのは、「神前で結婚式を挙げることにはいかなる意味があるのか」ということであった。何もここで、姪っ子の結婚式を研究材料にしようと言うのではない。ここではたんに、こう問いたいだけである。なぜ宗教は、いまでも結婚に関与し続けているのか。

結婚（あるいは婚約）は古来、通過儀礼の一つとして理解されている。ファン・ヘネップは『通過儀礼』のなかで、結婚に一つの章をあてている。ヘネップはそこで、結婚の儀礼には「結合の儀礼」と「分離の儀礼」の二つの側面があると言う。たとえば伝統的な家制度を前提として、「嫁に入る」（あるいは「婿に入る」）場合を想定しよう。この場合新婦にとって、結婚は「実家を出る」ことと「婚家に入る」ことの二つの側面をもつ。わたしたちの周辺では今日、「恋愛結婚」が結婚の一般的な形態となっている。その際「恋愛結婚」は、たんに新郎新婦の結合にはとどまらない。実際にはそれは、新郎新婦の実家同士の結合を内包している。今日でも結婚式は、そのような結合を確認するための儀礼である。なぜ神仏が、それに関与する必要があるのか。おそらくそれには、こう答えるべきであろう。神仏はそこで、新郎新婦ならびに新郎新婦の実家同士の結合を仲介する役割を負っている。

一般に宗教的な儀礼に婚姻関係の成立の条件をおくことを、「宗教婚」（あるいは「儀式婚」）と呼ぶ。これに対して役所への届出に婚姻関係の成立の条件をおくことを、「法律婚」（あるいは「民事婚」）と呼ぶ。海外にはいまでも、「宗教婚」の立場をとる国々がある。しかし近代国家は、総じて「宗教婚」から「法律婚」の立場に移行してきた。社会学的に見ればそれは、ウェーバーの言う伝統的支配から合法的支配への移行の過程に対応している。その上で何に婚姻関係の成立の条件をおくかは、各国の事情によると言わねばならない（今日では「事実婚」――役所への届出を行わない婚姻――が、国際的に存在感を増している）。日本は今日、「法律婚」の立場をとっている。しかしまたそこでは、宗教的な結婚の儀礼がいまだに慣習的な拘束力を保っている。すなわち宗教的な施設（神社・教会・寺院など）で結婚式を行うとともに、別の会場で披露宴を催す、ということがそれである。

たとえばキリスト教徒でない新郎新婦が、キリスト教式の結婚式を挙げるとしよう。その場合参列者の大半も、キリスト教徒でないことが想定される。日本では今日、このような形態の結婚式がまかり通っている（キリスト教会の側もそれを、とくに問題としていない）。わたしたちはそれを、どのように解釈すればよいのであろうか。たしかにキリスト教徒でない新郎新婦が、キリスト教の神の前で結婚の誓いを立てることは奇妙である。しかしそこでのキリスト教の神を、八百万《やおよろず》の神々の一つとして理解すればそう奇妙でもないかもしれない。キリスト教の神はそこで、まさに新郎新婦ならびに新郎新婦の実家同士の結合を仲介している。もちろんそれは、神式や仏式の結婚式を挙げる場合も基本的に同じである。本書はこれまで、一貫してこう主張してきた。宗教は本来、人々を社会的に統合する機能をもつ。もしそうであれば、日本式の結婚式は宗教の本来の姿を体現しているようにも映る。

結婚式の中核を占めるのは、新郎新婦による結婚の誓いである。たとえばキリスト教式の結婚式において、二人は次のように誓う。「わたしは、あなたを妻（夫）とし、良いときも悪いときも、豊かなときも貧しいときも、健康なときも病気のときも、死が二人を分かつまで、愛し慈しみ貞節を守ることを誓います」。こう誓ったからといって新郎新婦が、「死が二人を分かつまで」添い遂げるかどうかは定かではない。であればこそ二人は、神にかけて「愛」を誓うというのがそこでの約束の構造である。新郎新婦の「愛」の前に立ち塞がるのは、両者の他者性である。要するに両者は、元々別個の人格である。しかし「愛」の名の下に、その一体性を演出するのが結婚式である。そこでは婚姻関係（同性婚を含む）が、「愛」の関係であり続けることが期待されている。その「愛」の関係の根幹をかたちづくるのが、セクシュアリティである。本章ではそれを、宗教社会学的に検討しようと思う。

## 「愛」の関係

sex は元々、sect（宗派）や sector（部門）と同類の言葉である。すなわちそれは、「分離する」を原義とする言葉である。そこから男女の性別をさして、sex と言うようになった。しかしまた sex は、性的な交渉をさす言葉でもある。明らかにそれは、俗語的表現に属する（そこでは「分離する」と正反対の意味で、この言葉が使われている）。日本語でも今日、この sex の俗語的表現が幅を利かせている。したがってそれを、本来の（男女の性別という）意味で用いることが困難な状況にある。もっとも男女は、「分離」しているがゆえに「結合」しようとすると見ることもできる。面白いことに「セックス」という言葉自体が、この男女の二面性を反映しているのである。社会学では今日、セクシュアリティという言葉が愛好されている。この言葉も「セックス」と同じく、簡潔な日本語に置き換えにくい。すなわち人間の性的指向や性的行為の全般を包摂する用語が、セクシュアリティである。

イギリスの社会学者A・ギデンズは『親密性の変容』で、セクシュアリティの今日的様相について論じている。ギデンズによればセクシュアリティは、一九世紀ごろから使われるようになった言葉である。それから今日までの間、セクシュアリティはセクシュアリティとして自立的な発展を遂げてきた。その背景には①性的行為の生殖行為からの解放（避妊技術の進歩）、②婚姻関係の親族関係からの解放（家族規模の縮小）があった、とギデンズは言う。かくして人々は、自らの性的指向や性的行為を自由に選択できるようになった（たとえば同性愛者が自らの性的指向を堂々と表明したり、老若男女が自らの性的快楽を存分に追求したりできるようになった）。ギデンズはそれを、「可塑的なセクシュアリティ（plastic sexuality）」と呼ぶ。それはまさに、「パートナーとの関係を自由に構築できる」ことをさす。そしてまたギデンズは、そこでのパートナーとの関係を「純粋な関係」と呼ぶ。

「純粋な関係」はそこで、「他の目的のための手段としてではなく、それ自体を目的として結ばれる関係」と規定されている。ギデンズは「愛」の関係を、「純粋な関係」としてとらえている。かれによれば「愛」は、「ロマンティック」にして「一つに融け合う（confluent）」という特徴をもつ。romance は元々、ロマンス語で書かれた空想的・伝奇的な物語をさす。romantic love においては文字通り、romance が「愛」の当事者を支配する。二人が「一つに融け合う」という理想は、その最たるものである。ギデンズは「愛」の構築を、一つの自己言及的な過程としてとらえている。すなわち「愛」は、「愛」そのものを根拠とする関係であるというのがギデンズの主張である。これに対して宗教は、「神」を「神」として信奉するシステムであるというのが本書の立場である。もし「愛」の関係が「愛」を「愛」として信奉するシステムであるとすれば、その論理構造は宗教と同じである。

ドイツの社会学者N・ルーマンは『情熱としての愛』のなかで、近代社会には二つの側面があると言う。すなわちインパーソナル（非人間的）な関係が強まる側面と、パーソナル（人間的）な関係が強まる側面の二つがそれである。その際そこでのルーマンの関心は、パーソナルな関係の今日的な様相にあった。今日においてパーソナルな関係が強まる背景には、いったい何があるのか。インパーソナルな関係――「疎遠な関係」――が強まるなかで、各人は「どうアイデンティティを構築するか」という問題に直面する。この問題はインパーソナルな関係ではなく、パーソナルな関係――「親密な関係」――のなかでしか解決できない。つまりは社会の広域化と人々の個人化のなかで、かえって「親密な関係」の重要性が高まる。これが大略、そこでのルーマンの主張である。そこではインパーソナルな関係の強化とパーソナルな関係の強化が、まさに一枚のコインの表と裏の関係におかれている。

パーソナルな関係の中核を占めるのは、「愛」の関係である。ルーマンによれば「愛」の関係は、原理的な無根拠性を抱えている。いまAとBが、「愛」の関係にあるとしよう。その際Aは、Bに対して「自分を理解してほしい」と願うであろう。それと同じくBも、Aに対して「自分を理解してほしい」と願うであろう。元々AとBは、別個の人格である。したがって両者の相互理解は、どこかの段階で断念されるしかない。ルーマンもまたギデンズと同様に、「愛」の構築を自己言及的な過程としてとらえている。ルーマンはこう言う。「愛は、愛によって動機づけられるだけである。すなわち、愛は――愛が、愛として自らを発見し、実現する限りにおいて――愛と言い、愛を求め、愛を育む」。要するに「愛」は、「愛」を「愛」として信奉するシステムであるとかれは説く。それと宗教——「神」を「神」として信奉するシステム——との間に大差がないことは、さきに述べた通りである。

## 道徳の根源

オースティンの *Pride and Prejudice* は邦訳書では、『高慢と偏見』と訳されたり『自負と偏見』と訳されたりしている。作品のなかで pride は、「高慢」と「自負」の二重の意味で使われている。したがってそれは、『プライドと偏見』とでも訳すのが適当であろう。そこでは一九世紀初頭のイギリスにおける紳士階級の一家の娘二人が、より裕福な紳士階級の男性二人と結婚するまでの経緯が描かれている。今日の日本語ではそれは、「恋愛結婚」のカテゴリーに含まれるのではないかと思う。一般に「恋愛結婚」の反対概念は、「見合結婚」である。しかし両者の間に厳密に線を引くことは、そう容易ではない。たとえば旧来の「見合結婚」では、婚礼自体が花婿花嫁の初対面の場になることも珍しくなかった。しかし今日の「見合結婚」では、婚礼前に花婿花嫁の意向（見合相手を気に入るかどうか）が尊重されるのが普通である。実際にはそれは、「恋愛結婚」の側面を含んでいるのである。

とりあえずここでは、花婿花嫁の周囲の人々の意向に基づく結婚を「見合結婚」、花婿花嫁当人の意向に基づく結婚を「恋愛結婚」とそれぞれ定義しておく。この場合実際の結婚は、純粋な「見合結婚」と純粋な「恋愛結婚」の間のスペクトラム上のどこかに位置することになる。イギリスの歴史学者L・ストーンは『家族・性・結婚の社会史』のなかで、一五世紀から一八世紀にかけてのイギリスにおける家族関係の変化を辿っている。図式的に言えばそこでは、家父長制的な大家族から夫婦中心の核家族への移行が問題になっている。その際ストーンは、後者の夫婦中心の核家族に対応するものとして「友愛結婚（companionate marriage）」の理念を提示している。そこでは夫婦が、「愛」を基軸として親密にして対等な関係を結ぶことが想定されている。たとえば『プライドと偏見』には、「友愛結婚」の理念が表現されている。そしてそれは、その小説の読者にも影響を与えたはずである。

ストーンの言う「友愛結婚」は、近代における結婚の一般形態にあたる。しかしそれが、どこまで現実性をもっていたかについては種々の論議がある。アメリカの歴史学者J・R・ギリスは『良いときも悪いときも』（邦題『結婚観の歴史人類学』）のなかで、こう説く。元々「友愛結婚」は、上層ならびに中層階級の人々の理念であった。必ずしもそれは、下層階級の人々の理念ではなかった。あるいはまたフェミニストは、こう説く。「友愛結婚」の下で夫婦は、親密にして対等な関係を結ぶことが想定されている。しかし実際には、男性優位の原則が夫婦中心の核家族を貫いている。そこでは「友愛結婚」の現実が、理想とはほど遠いものであった（ある）ことが語られている。もっとも「友愛結婚」を、単なる空想と割り切ることもまた現実的ではない。というのも長年、多くの人々が「友愛結婚」の理想に導かれてきたからである。いまでもわたしたちは、こう堅く信じて疑わない。「愛」のない結婚はあってはならない。

核家族は夫婦関係を中心としながらも、必ずしも夫婦関係だけで成り立っているわけではない。一般に核家族は、①夫婦のみの世帯と②両親（あるいは片親）と子どもからなる世帯に大別される。いま夫婦の間に、子どもが生まれたとしよう。その際両親は、子どもを経済的に扶養するとともに、道徳的に教化する役割をもつ。この後段の役割は実際には、子どもに道徳を「押し付ける」役割と言うべきかもしれない。というのも子どもの道徳的教化は、子ども当人の意思にかかわらず行われるからである。とりわけそれは、子どもが幼い年代においてそうである。その意味では子どもの道徳的教化は、「闇の教育」としての一面をもつ。いったい子どもの道徳的教化を、「光の教育」として行うことが可能であろうか。マルクスは資本の本源的蓄積を、資本主義の「原罪」に喩えている（『資本論』）。それに準《なぞら》えるならば子どもの道徳的教化は、人間の本源的蓄積にして教育の「原罪」にあたる。

フロイトは夫婦中心の核家族を前提として、子どもの道徳的教化がどう行われるかを分析した。その中核に位置するのが、エディプス・コンプレックスの理論である。フロイトはそこで、男児を前提として議論を展開している。したがってそれが、男性優位の原則の上に立っているのは明らかである。その上でフロイトが、道徳の根源を父性に求めているのは注目に値する。かれによれば神と人間の関係は、父と幼児の関係を精神的に内面化したものである。したがって道徳のみならず、宗教の根源も父性にあるとかれは言う（『幻想の未来』）。いったい子どもの道徳的教化に際して、両親はいかなる役割を負っているのか。旧約聖書によれば神は、モーセを通して十戒をイスラエルの人々に授けた。両親が子どもに教える道徳は、元々社会的なものである。その意味ではそこでの両親の役割は、社会の代理人にすぎない。それでもかれらが、預言者モーセと同様の立場にあることに変わりはない。

## 性の神話

フロイトの所説は学問の世界で、必ずしも多数の支持を得ているわけではない。一つにはそれは、かれの所説が検証困難であることによる。そしてまたかれの所説が性欲の理論を中核においていることも、その一因であろう。すなわち性は、いまでも口に出しにくい話題なのである。もっともフロイトが、性の解放者であったわけではない。かれにとって自我は、エス（本能的なもの）と超自我（道徳的なもの）の葛藤の上に立つものであった。そしてエスは、つねに超自我によって抑制されるべきものであった。フロイトにとってそれは、社会的な場面でもまったく同じであった。かれはこう説く。「大衆は怠惰で知能が低い。かれらは生来自制を好まず、いくら議論したところで、自制が必要だということに納得できない。そして一人一人はと言えば、互いにけしかけ合ってしたい放題のことをしている」（『幻想の未来』）。かれにとって大衆は、指導者によって統制されるべき存在であった。

性の抑圧を中心的な主題とした著作に、フーコーの『性の歴史』がある。その冒頭でフーコーは、ヴィクトリア朝風の（Victorian）性道徳を問題にしている。ヴィクトリア朝はそれ自体、ヴィクトリア女王がイギリスを統治していた時代（一八三七―一九〇一年）をさす。しかし英語のVictorianは、「古風な」（とりわけ性について、道徳的に「厳格な」）という意味をもつ。したがって「ヴィクトリア朝風の性道徳」とは、まさしく性が道徳的に抑圧されている状況に相当する。フーコーは『性の歴史』で、こう説く。近代において性は、夫婦の寝室（や性的サーヴィスを提供する施設）のなかに押し込められた。そして人々が、性について語ることが困難になった。しかしまたそれは、性について語ることが固有の意味をもつ状況でもある。すなわちそこでは、性について語ることが秩序を破壊し、真実を啓示し、至福を約束する――一種の宗教性を帯びた――活動となるとフーコーは言う。

「性の抑圧」の中核を占める装置の一つに、告白がある（その原型をフーコーは、中世のカトリック教会における告解に求めている）。近代社会において人々は、さまざまな相手（両親、教師、医師、恋人、友人、警官、記者など）に「真実」を告白することを求められてきた。フーコーはこう説く。近代社会が告白を愛好することは、それが個人を重視することに対応している。その上でフーコーは、告白を通じてセクシュアリティが生み出されたと言う。つまりは性が知的関心の対象になることによって、はじめて性的欲望が表舞台に出現したというのである。たとえば一九世紀には、さまざまな性的欲望が「倒錯」の汚名の下に医学的に問題にされた。それらがヴィクトリア朝風の性道徳の下で、易々と排除されたり圧殺されたりしたというほど話は単純ではない。実際にはそれらは、ますます増殖し、定着した。その意味では「性の抑圧」が、「性の解放」を生み出したと見ることもできる。

今日では性的マイノリティの権利保障をめぐる運動が、世界的に活発化している。その際性的マイノリティの中心に位置するのは、いわゆるLGBT（レズビアン＝女性同性愛者、ゲイ＝男性同性愛者、バイセクシュアル＝両性愛者、トランスジェンダー＝性別越境者）の人々である。しかし実際には、LGBT以外の性的マイノリティも存在する（たとえば無性愛者）。要するに性的指向や性的自認が多様であるように、性的マイノリティもまた多様なのである。性的マイノリティが自らの性的アイデンティティを表明する（今日の日本語ではそれを、英語の表現を借りて「カミングアウトする」と言う）のは、フーコーの言う告白の一つの形態である。そのような性的アイデンティティの表明は当事者にとって、周囲の人々に対する自己の存在承認の要求――「本当のわたしを認めて欲しい」との要求――に相当する。当事者にとってそれは、自己の存在を賭けた闘争としての意味をもっている。

イギリスの社会学者J・ウィークスも『セクシュアリティ』のなかで、一九世紀においてセクシュアリティが政治的な対立の争点となったと説く。端的に言えばそれは、「性の抑圧」と「性の解放」の対立をさす。そしてそれは、いまでもセクシュアリティをめぐる基本的な対立の構図であるとかれは言う。たとえば異性愛が「普通」で、同性愛（あるいは異性愛以外の性的指向）が「特殊」であるとの通念は、いまでも結構根強い。わたしたちはそれを、性の神話と呼ぶこともできる。ウィークスは社会学者らしく、そのような神話が社会的・文化的に構成されたものであると主張する。

かれにとってそれは、性の神話を告発し、暴露する作業にほかならなかった。そのような作業を通じて社会学が、性の神話をどこまで解体しえたかは定かでない。しかし今日、ＬＧＢＴの人々が続々と自らの性的アイデンティティの承認を求め出している。性の神話にも今日、ようやく動揺の兆しが見て取れる。

## 姦淫

神がモーセを通してイスラエルの人々に授けた十戒には、次のような戒律がある。「姦淫してはならない」。「姦淫（adultery）」は今日では、「結婚している男もしくは女が、配偶者以外の者と性的関係を結ぶこと」という意味をもつ。すなわちそこでは、夫婦双方の不貞行為が問題になっている。旧約聖書の時代にはそれは、もっぱら妻の不貞行為を問題にする言葉であった。つまりは「結婚している女が、配偶者以外の男と性的関係を結ぶこと」（端的に言えば「男が、人妻と寝ること」）が、そこでの「姦淫」である。その背景には家父長制的な結婚観――妻（女）は夫（男）の所有物であるとの結婚観――があった、と専門家は説く（加藤久美子「姦淫」『岩波キリスト教辞典』参照）。「姦淫」の罪を犯した男女は、ともに「死刑に処せられる」と旧約聖書にはある。ホーソーンの『緋文字』で「姦淫」の罪を犯した女主人公がAのしるしを付ける罰を受けるのも、それと呼応している〔3章教団〕。

新約聖書でイエスは、この「姦淫」の罪について独自の見解を提示している。たとえば『マタイによる福音書』で、かれはこう説く。「あなたがたも知るように、律法には「姦淫してはならない」とある。しかし、わたしは言っておく。みだらな思いで女〔他人の妻〕を見るものは、すでに心のなかで罪を犯したのである」。そこではまさしく、「何が罪であるか」についてのコペルニクス的な転回が行われている。すなわち外形的な行動ではなく、内面的な想念を問題にするのがそこでの罪の概念である。これに関連して『ヨハネによる福音書』には、次のような話がある。イエスが神殿で説教をしていると、律法学者たちが「姦淫」の罪を犯した女を連れてくる。かれらはイエスに、「あなたなら〔この女を〕どうするのか」と問う。イエスはかれらに、「罪を犯したことのない者が、まず石を投げなさい」と言う。すると律法学者たちは、一人また一人と立ち去り、最後にはだれもいなくなった。

しかしキリスト教が、厳格な性道徳を保持し続けたことに変わりはない。そのことを象徴するのが、聖職者の独身制である。『コリントの信徒への第一の手紙』でパウロは、夫婦の人格的な一体性を強調している。その一方でかれは、こう説く。独身者は「どうすれば神に喜ばれるか」を気にするのに対して、既婚者は「どうすれば妻（夫）に喜ばれるか」を気にする。要するに信仰生活において、独身者のほうが既婚者よりも優位にあるというのである。聖職者の独身制が確立するのは、第二ラテラノ公会議（一一三九年）以降である。今日でもカトリックの聖職者は、原則として独身である（これに対してプロテスタントの教会には、このような制度はない）。一見そこでは、厳格な性道徳がそのまま保持されているように映る。しかし近年、カトリックの聖職者による性犯罪（未成年者の性的虐待など）が問題になっている。のみならず今日では、聖職者の独身制の廃止も議論され始めている。

キリスト教とともに聖職者の独身制をとったのが、仏教である。仏典によれば釈迦は、①二九歳で出家をし、②厳しい修行を経て、③三五歳で悟りに達してブッダ（覚者）となった。これらは後世の仏道修行者にとって、ブッダになるためのロールモデルとなった。興味深いのは悟りを開いたのちも、釈迦が悪魔の誘惑を受けていることである。そのなかには悪魔の娘たちによる、あの手この手の愛欲の誘惑も含まれている。もちろん釈迦は、それにまったく心を動かされなかったと仏典は伝える。このような釈迦の境地もまた後世の仏道修行者にとっては、ブッダになるためのロールモデルとなった。そこから仏教の教団は、ほとんど必然的に聖職者（僧侶や尼僧）の独身制をとることになった。いまでも上座部仏教では、僧侶は独身である。日本では一三世紀に、浄土真宗の開祖・親鸞が僧侶として最初に妻帯したと言われる。そして江戸時代まで、浄土真宗だけが僧侶の妻帯を認めていた。

明治五（一八七二）年の太政官布告で僧侶の妻帯が、（肉食・蓄髪とともに）政治的に認められた。いまでは各宗の僧侶の多くが、俗人と同様の生活をしている。一見するとそれは、ブッダになるためのロールモデルに反している。わたしたちはそれを、日本の仏教の堕落と見るべきであろうか。日本の僧侶の多くが妻帯していることは、大乗仏教の文脈ではそう奇妙なことでもない。そこでは僧侶は、在家の信者にとって達人でも何でもない。言ってみれば僧侶は、自分たちの同輩中の第一人者にすぎない。したがって僧侶は、必ずしも「愛欲を捨てる」ことを期待されてはいない。どちらかと言えば僧侶は、信者と同じく「愛欲に苦しむ」ことを期待されている。大乗経典である『理趣経』では、性的快楽とブッダの悟りが結びつけられている。すなわちそこでは、「煩悩即菩提《ぼんのうそくぼだい》」の理論が説かれる。仏教が在家の信者を組織しようとするとき、性的欲望を否定することはできなかったのである。

## 歌垣

柳田國男は『家と文学』で、文学の起源について書いている。かれによれば文学は、元々自分たちの家系の由来を示すためのものであった。すなわち文学は、民族の英雄の恋愛関係や婚姻関係を描くことを任務としていた。たとえば『古事記』の冒頭で、イザナギとイザナミは「みとのまぐはひ」をする。その際二人は、「あなにやし、えをとめを」「あなにやし、えをとこを」と言い交わす。それと同工異曲の物語が今日のTVドラマやポップスで量産されていることは、いま改めて断るまでもない。柳田とは別に折口信夫は、物語の一つの原型として貴種流離譚をおいている（そこでも英雄が、漂泊の途中で恋愛をすることに変わりはない）。たとえば『古事記』のなかのスサノオやヤマトタケルの物語は、典型的な貴種流離譚である。のみならず志賀直哉の『暗夜行路』も村上春樹の『ノルウェイの森』も『スターウォーズ』も『ドラゴンクエスト』も貴種流離譚である、と言うことができる。

柳田や折口の所説が示唆することは、いったい何か。おそらくそれは、わたしたちがいまでも物語的思考から自由でないことであろうと思う。文字通りromantic loveは、わたしたちをいまなお強く支配しているのである。もっとも実際の恋愛や結婚が、古代の神話のように進行するはずはない。柳田國男は『婚姻の話』で、日本における婚姻習俗の歴史を辿っている。その際柳田の関心の中心は、いわゆる常民（common people）の婚姻習俗にあった。たしかにかれの研究が、前代（前近代と同義）の農民を暗黙の前提としているとの批判に一理はある。しかしそれは、前代の平均的な日本人のモデルとして当を得ているように思う。柳田は『婚姻の話』で、はっきりこう断じている。前代の人々にとって『源氏物語』や『竹取物語』は、文学ではあっても手本ではなかった。前代の人々は婚姻に際して、さまざまな習俗（folkways）に縛られていたというのがそこでのかれの基本的立場である。

たとえばそこでは、①村内の住民間の婚姻が一般的であったこと、②未婚の男女の同輩集団（若者組や娘組）が婚姻について大きな役割を果たしていたこと、③男女の交際は比較的自由であったこと、④同輩集団の衰退とともに家による婚姻の規制が強化されたこと、⑤仲人《なこうど》は遠方結婚が行われるようになってから生まれた役割であること、⑥婚礼では世間への披露が欠くべからざるものであったこと、⑦婚礼は「聟入り」と「嫁入り」の二つの式から成り立っていたことなどが指摘されている。のみならずそこでは、「妻問い」「夜這い」「山遊び」「嫁盗み」「樽入れ」などの婚姻習俗も紹介されている（ここではそれらについて、一々説明することは差し控える）。柳田はそこで、繰り返しこう説く。家制度に基盤をおく「見合結婚」に先だって、同輩集団に基盤をおく「集団婚約」の時代があった（ギリスの『良いときも悪いときも』によれば西洋でも、それと同様の時代があったという）。

若者たちの「集団婚約」の原型にあたるのが、歌垣（あるいは嬥歌《かがい》）である。歌垣とは古来、①遊楽や求愛を目的として、②若い男女が山上や水辺に集まり、③歌を掛け合った習俗であり、それには④共同飲食や自由恋愛がしばしば付随したと言われる。東国で歌垣の地として知られるのは、常陸国（現茨城県）の筑波山である。高橋虫麻呂は筑波山での歌垣について、こう詠んでいる。「鷲の住む　筑波の山の　裳羽服津《もはきつ》の　その津の上に　率《あども》ひて　娘子壮士《をとめをとこ》の　行き集ひ　かがふ嬥歌に　人妻に　我も交はらむ　我が妻に　人も言問へ　この山を　うしはく神の　昔より　禁《いさ》めぬ行事《わざ》ぞ　今日のみは　めぐしもな見そ　事も咎むな」（『萬葉集』第九巻）。そこではエロティックな男女の交歓が、宗教的な論理によって正当化されている。歌垣は今日、国際的な文脈でも注目されている。すなわちそれは、中国南部から東南アジアにかけていまでも行われている婚姻習俗であるというのである。

先年わたしは、筑波山に登った。「歌枕の一つも訪ねてみよう」と思っただけで、格別な目的があったわけではない。最初に女体山に登り、御幸ヶ原のほうへ下っていると、五〇組ほどの男女のペアが登ってくるのに行き合った。聞くとそれは、地元の鉄道会社が募集した「登山婚活ツアー」の一行であった。ペアになった男女は、相互に自己アピールに努めている様子であった。思いがけずわたしは、筑波山で「現代の歌垣」に遭遇したわけである。そのことを大学の演習で話したところ、もう一つの思いがけない偶然があった。当時わたしの担当していた演習に、中国南部のチワン（壮）族出身のSさんが参加していた。Sさんによればかの女の故郷では、いまでも歌垣（「歌圩《かう》」）が行われているとのことであった。わたしたちは同じく中国南部のペー（白）族の歌垣の映像を見ながら、Sさんの話を聞いた。歌垣はいまでも、わたしたちの周辺でさまざまなかたちで生き続けているのである。

U・ベックとE・ベック＝ゲルンスハイムは『遠い愛』（邦題『愛は遠く離れて』）で、グローバル化＝個人化社会における「愛」の様相を問題にしている。端的に言えば「愛」もまた、グローバル化＝個人化の一途を辿っているというのがそこでの二人の結論である。新海誠監督の『君の名は。』は地方の女子高校生と東京の男子高校生の、時空を隔てた「遠い愛」を描いている（2章信仰）。そこでは二人を結びつける道具として、スマートフォンが使われている。といっても二人の結びつきが、けっして整合的に説明されているわけではない。それを覆い隠すためにそこでは、ことさらに「結び」が強調されている（わたしたちはそこから、religion の語源が「結び」であることを想起せざるをえない）。「愛」はそこで、あたかも信仰の対象であるかのようである。——セクシュアリティは本来、人間の生や死と密接不可分に結びついている。わたしたちは次に、生と死について考えてみることにしよう。

# 11章

# 生と死

## 生の不安、死の恐怖

# 即身仏

森敦の『月山』の巻頭には題辞《エピグラフ》として、次の『論語』の一節が引かれている。「未だ生を知らず、焉《いずく》んぞ死を知らん」。作者はそこで、その小説の中心的な主題を一言で表明しているように映る。作者の森は若くして文壇にデビューしたのち、「放浪の旅」に出た。すなわちさまざまな職業を遍歴しながら、全国各地を転々とした。この間森は、昭和二六（一九五一）年夏から翌年春にかけて、湯殿山注連寺（現山形県鶴岡市）に滞在している。それから約二〇年後に森は、この経験を素材として『月山』を書く。この作品が芥川賞に選ばれ、森が「文壇復帰」を果たすのは、昭和四九（一九七四）年である。形式的には『月山』は、主人公の独白のかたちで書かれている。その冒頭近くで主人公は、「月山が、古来、死者の行くあの世の山とされていた」ことに触れつつこう説く。死は各人にとって避けがたい運命であるのにもかかわらず、その何であるかを覗くことも語ることも許されない。

『月山』の主人公は住職の許可を得て、月山の麓にある注連寺（当時東田川郡東村）に逗留する。住職は鶴岡市内の別の寺におり、注連寺は寺男《てらおとこ》が一人で守っている。この寺もかつては、出羽三山の一つである湯殿山の参詣所として大いに賑わった。しかし森が滞在した時代には、それは「破れ寺《や》」に成り果てていた。寺の下には当時、七五三《しめ》掛《かけ》という小さな集落があった。冬場そこは、積雪のために周囲の世界から隔絶された空間となった。そのような閉鎖的な空間のなかで主人公が一冬を過ごすというのが、『月山』の舞台の設定である。寺に来て間もなく主人公は、山中で若い女と出会う。集落のなかでかの女は、「若後家《わかごけ》」という位置におかれている（噂ではかの女は、よそ者の男に捨てられたことになっている）。主人公はかの女に、性的な魅力を感じる。そして作品のなかでは、性的イマジネーションをかきたてる場面も描かれる。しかし結局のところ、二人の間には何事も起こらない。

要するに小説は、貴種流離譚のようには進行しない。冬になって主人公は、寺の庫裡《くり》（住職の住居）の二階の一角に「和紙の蚊帳《かや》」で囲まれた空間を設ける。そこで起居する自らのことをかれは、繭のなかの蚕に喩えている。同時にそれは、雪に閉ざされた集落での主人公の生活をも映し出している。本来かれは、集落のなかで一人のよそ者（stranger）にすぎない。主人公は「死」の概念を持ちだして、そこでの自身の状況についてこう語る。「死とは死によってすべてから去るものであるとすれば、すべてから去られるときも死であるといってよいに違いない。いったい、わたしの友人はわたしを思いだしてくれているのか」。要するに主人公は、身体的な死と社会的な死とは相通じるというのである。たとえば「引きこもり（social withdrawal）」は、社会的な死とほぼ同義の状況である。グローバル化し個人化する世界のなかで今日、多くの人々がそれに近い状況に追い込まれている。

注連寺には今日、鉄門海上人の即身仏が安置されている。即身仏とは客観的に見れば、ミイラ化した死体である。しかし人々の信仰では、それは別個の意味をもつ。すなわち修行者が、木食《もくじき》（穀断ち）を通じて「現身《げんしん》のまま仏になった」のが即身仏である。鉄門海上人の即身仏は上人の生前の活動も含めて、全国の即身仏のなかでも最も有名なものの一つである。森が滞在した当時、注連寺に即身仏はなかった（当時それは、山外に貸し出されたまま行方不明になっていた。のちにそれを、寺が取り戻した）。その上で集落の人々の間には、次のような噂話があったらしい。元々即身仏は、行き倒れの男を燻《いぶ》して作った偽物である。それを聞いて主人公は、「自分もミイラにされてしまうのではないか」という強迫観念に取り憑かれる。もっとも春が来て、注連寺に逗留中の主人公のもとを友人が訪ねてくる。主人公がミイラにされることもなく、友人とともに山を下るのが小説の結末となっている。

先年わたしは、湯殿山に参詣した帰路に注連寺に立ち寄った。湯殿山の「ご神体」については古来、「問うな、語るな」という不文律がある。暗示的に言えばそれは、性的イマジネーションをかきたてるものであった。注連寺は自動車道路から山道を上がった先の、ひどく辺鄙なところにあった。七五三掛には一〇年ほど前まで、八世帯が残っていた。しかし地すべり災害のために、その後全世帯が移転を余儀なくされたとのことであった。わたしたちは滝田洋二郎監督の『おくりびと』のなかに、その集落の最後の姿を見ることができる。注連寺は集落の跡地の山側に、『月山』に描かれるのとほとんど同じ姿で残っていた。いまではそこは、即身仏とともに『月山』の舞台であることをウリにしている。しかし人気《ひとけ》はなく、「破れ寺」の印象を拭い去ることはできなかった。わたしは即身仏の拝観は遠慮して、境内でしばし佇んでいた。真下の集落もすでになく、そこは

「死」の静けさに包まれていた。

## バーチャル・リアリティ

人々は古来、生と死について多くのことを語ってきた。そのなかで宗教的言説は、きわめて大きな陣地を占めてきた。その背景には宗教的言説の好敵手としての、学問的言説の側の事情がある。ウィトゲンシュタインは『論理哲学論考』で、こう説く。「語りえないことについては沈黙しなければならない」。今日ではそれは、学問的言説の一つの原則にあたる。すなわち学問は、不確実なことについて語ることができない。したがって学問の世界では、「死」を取り扱うことに大きな制約がある。すなわち「死」は、「生」の世界のなかで――「生」の側から――取り扱われるだけである。たとえば終末医療、脳死判定、死刑制度、遺産相続、葬送産業などの各主題が、それにあたる。これに対して「死」の世界そのもの――「天国」や「地獄」――は、学問的な主題にはならない。要するに人間が「死すべき存在」であることを前提として、「いかに生きるべきか」を問題にするのが学問である。

もっとも「いかに生きるべきか」が、学問の課題であるかどうかも微妙である。ウェーバーは事実判断と価値判断を区分した上で、学問の任務を事実判断においた。つまりは「あること」と「あるべきこと」のうち、学問の課題は前者であるとかれは言う。その場合「いかに生きるべきか」は、学問の課題には含まれない。たとえば「死ぬ権利」(を認めるべきかどうか)について、社会的な論議が交わされている。これについて学者は、各国の事情を詳細に調査して報告することはできるであろう。しかし「死ぬ権利」そのものについて、学者が自身の立場を表明するのはそれとは別の仕事である。端的に言えばそれは、学者の職分を越えているというのがウェーバーの見解である。実際にはウェーバーの見解が、学者のコミュニティのなかで共有され信奉されているわけではない。したがって事実判断と価値判断が入り交じったかたちで、種々の言説が提示されることも学問の世界の日常である。

いったい学問は、「死」にどこまで関与できるのか。学生時代にわたしは、哲学者の大森荘蔵先生の演習に参加していた。大森先生によれば人間にとって認識しえないものが、三つあるとのことであった。わたしなりの表現を使えばそれは、「事物の裏側」「他者の心理」「死後の世界」の三つである。①「事物の裏側」がどうであるかは、各種の情報から類推するほかはない。もちろん「事物の裏側」に回り込めば、それがどうであるかを実地に体感することができる。しかし「事物の裏側」に回り込むことは、論理的にもう一つの「事物の裏側」を生み出すだけである。②「他者の心理」が一つのブラックボックスであることについては、ここで縷言を要しない。③「死後の世界」が認識できないというのは、さしあたり（死者にとって）「生前の世界」が認識できないという意味である。たとえば「死後、自分の遺志がどのように履行されるか」を確認しえない、といったことがそれにあたる。

しかし「死後の世界」が認識できないという場合に、それを（生者にとって）「死後の来世」が認識できないという意味に解釈することもできる。たとえば「死後、自分がどうなるか」を、確信をもって語りうる者はどこにもいない。もっとも大森先生の議論の核心は、「事物の裏側」「他者の心理」「死後の世界」の三つが認識できないということそのものにあるのではない。そのことを確認した上で大森先生は、こうおっしゃる（『物と心』所収の「三つの比喩」）。実際には人間は、「事物の裏側」や「他者の心理」や「死後の世界」のどうであるかを反事実的に（counterfactually）想定している。今日的な用語を使えばそれは、バーチャル・リアリティと言うべきものである。一般に virtual reality は、「仮想現実」と訳されている。しかし本来、virtual は「実質的な」という意味の言葉である。その意味では virtual reality は、人々が「現実」として想定する「もう一つの現実」にあたる。

ここでは三つのバーチャル・リアリティのうち、「死後の世界」だけを問題にしよう。たしかに人間は、「死後の世界」のどうであるかを認識できない。それはまさに、人間の知性の限界にして恐怖の源泉である。しかしまた人間は、「死後の世界」（とりわけ「死後の来世」）のどうであるかを空想することはできる。そのようなバーチャル・リアリティとしての「死後の世界」を人々に提示し続けてきたのが、宗教的言説である。たとえば多くの宗教が、「天国」や「地獄」の概念を提示してきた。のみならず多くの人々が、そのような宗教的言説を信奉してきた。社会学的に見ればそれは、一つの社会的現実である。そしてそれは、社会学者にとって立派な研究材料になりうる。すなわちバーチャル・リアリティとしての「死後の世界」を解読することは、宗教社会学の研究主題の一つである。ここではそれを、学問（ないしは人間の知性）が「死」に接近しうる限界として設定したいと思う。

## 実存的不安

『死にゆく者の孤独』でエリアスは、あらゆる動物のなかで人間の死だけが特別な様相をもつと言う。すなわち人間だけが、自分が「死すべき存在」であることを自覚しているというのである。本書の用語ではそれは、人間の死が一つの自己言及的な過程であることに対応している。たしかに人間は、自らの「死」を「死」として演出することができる。そのことを鮮明に映し出しているのが、自殺（suicide）である。あらゆる動物のなかで「自らを殺《あや》める（suicide oneself）」ことがあるのは、人間だけである（なお人間以外の動物も「自らを殺める」ことがある、と主張する論者もいる）。もっとも人間の死が自己言及的な過程であることは、格別目新しい発見ではない。そもそも人間の生そのものが、一つの自己言及的な過程である。死が生の一部であるとすれば、それが自己言及的な過程であるのは当然である。そこでは各人が、自らの死をどのようにとらえているかが重要な意味をもつ。

いかにも社会学者らしく、エリアスはこう説く。死が何を意味するかは、時代とともに変化する。かつては宗教が、今日よりも社会的な影響力をもっていた。その時代には死は、必ずしも「終末」を意味するものではなかった。多くの宗教は人々に、この信仰を守りさえすれば永遠の生命が保証されると説いた。それがまさに、宗教が人々に提示する死生観であった。もっとも人々が、それをどう受け止めていたかはそれとは別の問題である。『死にゆく者の孤独』でエリアスは、フランスの社会史家Ph・アリエスの所説を批判している。アリエスによれば死は、中世においては人間によって飼い慣らされていた。すなわちそれは、格別恐ろしいものではなかった。したがって人々は、従容《しょうよう》として死に臨んでいた。これに対してエリアスは、アリエスの資料の選択が恣意的であると批判する。要するに死は、中世人にとっても――現代人にとってと同じく――恐ろしいものであったというのである。

エリアスもまたアリエスと同じく、死の意味が近代以前と以後の間でどのように異なるかを問題にしている。その際エリアスは、死にゆく者を取り巻く人間関係に着目する。かれはこう説く。かつては死が、今日よりもはるかに公共の（public）ものであった。具体的には死にゆく者は、家族・友人などの多くの人々に取り巻かれていた（公平のために言えばアリエスもまた、それと同様の主張を展開している）。今日の社会学用語を使えばかつては、各人の死が社会的に包摂されていたというのである。わたしたちはそこに、ともに「死を運命づけられた」者たちの連帯――死すべき者たちのコミュニティ――を見いだすこともできる。デュルケームは『自殺論』で、古典的な殉死や殉教を利他的自殺としてとらえている〔3章教団〕。そのような自殺が可能なのは、そこに死すべき者たちのコミュニティが想定されているからである。そうでなければ殉死者や殉教者は、命を絶つことに逡巡するかもしれない。

先進諸国の人々は今日、平均的に長い寿命を保証されている。社会保障の完備によって飢餓のリスクが減少したり、医療技術の進歩によって疾病のリスクが軽減したりしたことが、その背景にあると言ってよい。生物的な死が先延ばしになったことで人々は、死の恐怖に日常的に苛まれることはなくなっている。その一方で人々が、生のリスクから解放されたわけではない。三〇年以上も前にU・ベックは、「リスク社会（risk society）」という概念を提示した。先進諸国の人々は今日、基本的に飢餓の恐怖から解放されている。しかしかれらは、それとは別個の、種々のリスクに付きまとわれているというのがそこでのベックの主張であった。ベックの提示するリスクを、ここで一々紹介することは差し控える。その上で種々のリスクの根源にあるのは、「実存的不安（existential anxiety）」——何についての不安であるのかも判然としない、生そのものの不安——ではないかとわたしは思う。

社会学的に見れば「実存的不安」そのものが、現代社会の産物である。すなわちそれは、グローバル化＝個人化社会における各人の存在状況を映し出している。『リスク社会』（邦題『危険社会』）でベックは、こう言う。グローバル化＝個人化社会では各人が、自伝的に（biographically）リスクに対処しなければならない。すなわちそこでは、システムの矛盾を個人的に解決することが各人の課題となる。あるいはまたそれは、ギデンズの言う「生の政治（life politics）」が各人の課題となる状況である（『親密性の変容』）。そのようなグローバル化＝個人化社会における各人の存在状況が、「実存的不安」の根源であるというのが今日の社会学の見地である。エリアスはさきの作品で、現代社会に特有の「死にゆく者の孤独」について書いている。そこではまさしく、生物的な死のみならず社会的な死が問題になっている。わたしたちはそこに、グローバル化＝個人化社会の最大の病理を見いだすこともできる。

## 老年期

社会学では「社会のメンバーとしてふさわしいパーソナリティを形成する過程」をさして、社会化（socialization）と言う。「社会化」という用語で通常イメージされるのは、子どもの社会化である。つまりは子どもが「成人としてふさわしいパーソナリティを形成する過程」が、それである。もっとも人間にとって、子どもの社会化だけが社会化ではない。実際には入学、転校、交友、恋愛、就職、結婚、転職、昇進、離別、死別、退職……は、すべて何らかの社会化をともなっている。たとえば夫婦が、リタイア生活を海外で送る場合を想定しよう。その際夫婦が、海外で何らかの社会化を求められることは当然である。人生はまさに、連続的な社会化の過程である。すなわち人間は、つねに「社会のメンバーとしてふさわしいパーソナリティ」の形成を求められる。personality がラテン語の persona に由来する言葉であるとすれば人間は、たえず「仮面」を付け替えなければならないのである。

一般に「老年」とは、年齢を重ね、心身の衰えが目立つ年代をさす。仏教では人間の苦悩を、「生老病死」（四苦）にまとめる。本来「老病死」は、「生」のカテゴリーに含まれる。にもかかわらず「老病死」を特記するのは、それらが「生」の苦悩の中核をなすからであろう。とりわけ「老」は、「病」や「死」に近接している。それゆえに「老年」には、ネガティヴな語感が付いて回る。たとえば「老醜」「老残」「老害」「老朽」「老耄」などの表現が、それにあたる。その一方で「老年」に、ポジティヴな語感がないわけではない。たとえば「老獪」「老練」「老熟」「老成」「老舗」などの表現が、それにあたる。『老年について』で古代ローマの哲学者・政治家キケロは、こう説く。操船に際して老人は、若者のようにマストに登ったり水を汲み出したりはできないかもしれない。しかし老人は、巧みに舵を取ることができる。要するに老人は、知恵や経験が豊かであるというのである。

今日でも老人と若者の間で、そのような分業はある程度行われている。そしてそれは、伝統社会における老年観を映し出している。ウェーバーは支配の三類型の一つとして、伝統的支配をあげている。そこにおいて物を言うのは、慣習——反復的に行われることで正当化される行為の様式——である。ある集団のなかで慣習に通じているのは、そこに古くから属しているメンバーである。かくして伝統社会においては、古株が一目おかれることになる。たとえば既成教団では、年輩の指導者（「長老」や「老師」）が権威をもつ。これに対して若手の指導者が、新たな教義を打ち出し、教団を立ち上げることがある。この新興教団が勢力を拡大するかどうかは、偏《ひとえ》に指導者のカリスマ性にかかっている。そこではまさしく、指導者の世代交代が問われている。歴史を通じて多くの実例が、次のことを示唆している。「長老政治」が「青年政治」によって乗り越えられることで、社会に活気が生まれる。

社会は今日、グローバル化と個人化の一途を辿っている。そのなかでローカルな慣習は、次第に尊重されなくなりつつある。これは伝統的支配にとって、固有の権力基盤の喪失を意味する。すなわち「長老政治」が、従前のように通用しなくなりつつあるのが今日の世相である。この新たな状況の下で老人たちは、アイデンティティの危機に直面しつつある。エリクソンは『老年期』（本人を含む三者の共著）で、ライフサイクルの最後の段階としての老年期を問題にしている。かれの主著『アイデンティティとライフサイクル』では老年期は、主題的に扱われていない。その意味では『老年期』は、エリクソンの思想的な深化を示している。もっともそこでのアプローチは、これまでの作品でのアプローチと大差がない。すなわち老年者は、「統合か絶望か」というディレンマに直面する。このディレンマを克服して、英知（wisdom）に到達することが、老年期の課題であるとエリクソンは説く。

エリクソンはそこで、「生き生きした関わり合い（vivid involvement）」の重要性を強調している。読者はそこから、エリクソンが「統合か絶望か」のうちの「統合」のほうをより重視しているとの印象を受ける。しかしそれは、一つの誤解である。エリクソンはそこで、「統合」に傾斜しすぎることのマイナス面をはっきりと説いている。したがって「生き生きした関わり合い」は、宗教的一体感とは明確に区別される必要がある。かといって「生き生きした関わり合い」の何であるかは、一向に判然としない。そしてそれは、アイデンティティの概念にもそのままあてはまるように映る。

アイデンティティは今日、社会的に広く受け入れられている概念である。バウマンは『コミュニティ』で、こう説く。アイデンティティはグローバル化＝個人化の時代におけるコミュニティの代用品である。本書の文脈では人々は、宗教的一体感の代用品としてアイデンティティを模索し続けているのである。

## 葬礼

ギリシア神話によればアンティゴネは、テーバイ王オイディプスとオイディプスの母にして妻でもあるイオカステの娘である。オイディプスが母と結ばれることになった経緯については、ここでは省略する（その物語をもとにフロイトは、エディプス・コンプレックスの理論を考案した）。やがてオイディプスは、出生の秘密を知り、衝撃を受ける。かれは自らの目を潰し、王位を退く。その後オイディプスは、実権を握ったクレオンによって追放される。アンティゴネが父オイディプスの放浪の旅に付き添う件も、ここでは省略する。クレオンはイオカステの弟にして、アンティゴネにとって叔父にあたる。オイディプスの跡目をめぐってエテオクレスとポリュネイケス——ともにオイディプスの息子にしてアンティゴネの兄弟——の間で争いが起き、クレオンはエテオクレスの側につく。エテオクレスとポリュネイケスが一騎打ちの末にともに亡くなるところから、アンティゴネの物語は始まる。

クレオンは二人のうち、エテオクレスの遺骸は丁重に葬る。しかしポリュネイケスの遺骸については、その埋葬を禁じ、野ざらしにする。ポリュネイケスの妹であるアンティゴネは、このクレオンの禁令を犯す。すなわちかの女は、兄の遺骸に土を振りかけたり、水をかけ回したりする（遺骸に水をかけ回したのは、現世の穢れを払うための儀礼と解釈される）。たちまちかの女は、見張りに捕えられ、クレオンの前に引き出される。かの女はクレオンに、こう言う。わたしは「人間の法」ではなく、「神々の掟」に従っただけである。ヘーゲルは『精神現象学』のなかで、このアンティゴネの行動を取り上げている。すなわちアンティゴネにとって、肉親の遺骸を粗略に扱うことはあってはならなかった。ヘーゲルによればそこには、人間の倫理の何であるかが鮮明に表現されている。すなわちアンティゴネが、地下の墓場に生き埋めにされ、そこで自害するというのが物語の結末となっている。

ここでの文脈ではアンティゴネの物語は、「葬礼とは何か」について明快なメッセージを発している。一般に葬礼（葬儀や葬式とも呼ばれる）は、人生最後の通過儀礼である。社会学的に見ればそれは、人間の死を社会的に意味づけるための儀礼である。おそらくアンティゴネの物語は、次のことを示唆しているのであろう。葬礼の根本をなすのは、死者への敬意である。いやそれは、必ずしも正確な表現ではない。葬礼がしばしば形式に流れることを、わたしたちの多くが知っている。実際にはアンティゴネの物語は、次のことを示唆している。葬儀の根本をなすのは、死者への敬意でなければならない。それはまさに、生者に対する倫理的な要請である。なぜ生者は、死者に敬意を払わなければならないのか。一つにはそれは、生者が暗黙裏に「死すべき存在」としてのコミュニティを構成しているからである。死者を冒瀆することは、自分もいずれは冒瀆されてもしかたがないことを意味する。

もっとも葬礼が、死者への敬意だけで成り立っているはずはない。同時にそれは、生者と死者の間に一線を引くものでもなければならない。そもそも遺体を衛生的に処理することは、葬礼の重要な目的の一つである。のみならず死者を社会のメンバーから除外することも、葬礼の目的の一つと言ってよい。旧約聖書の『創世記』によればカインとアベルは、ともにアダムとイヴの息子である。兄のカインは嫉妬心や競争心から、弟のアベルを殺してしまう（旧約聖書によればそれが、人類最初の殺人事件である）。それに怒った神は、カインを社会的に追放する。その際神は、カインにしるしを付ける。そのしるしは「カインを打ち殺そうとする者からかれを守るためのものであった」と、『創世記』は伝える。『旧約聖書のフォークロア』でフレイザーは、このカインのしるしについて独自の解釈を示している。すなわちそれは、アベルの死霊からカインを守るためのものであったというのである。

はたしてそれが、カインのしるしの解釈として正鵠を射ているかどうかは分からない。しかし死者との間に一線を引くことの重要性は、多くの神話の語るところである。たとえば『古事記』には、イザナギが亡妻イザナミに逢おうと死者の国を訪ねる場面がある。変わり果てた妻の姿を目にしたイザナギは、あわてて生者の国へ逃げ帰る。たしかに葬礼は、一義的には死者を弔うための儀礼である。しかしまたそれは、死者との決別を生者に求めるための儀礼でもある。その意味では葬礼は、まさに生者のための儀礼である。今日では葬礼に、宗教が関与することが通例である。しかし宗教が関与することで、葬礼の本来の目的が不分明になっている一面もある。死者の国から逃げ帰る際にイザナギは、鬼たちに追撃される。イザナギは桃の実を投げつけることで、それを撃退したと『古事記』には記されている。今日でも葬礼で生花や果物を供えることには、宗教以前の心意が働いているのである。

## 日本的な死生観

わたしは一八歳まで、奈良の実家で暮らしていた。実家の広間には仏壇が設けられ、そこが仏間を兼ねていた。仏壇には毎日、ご飯をお供えしていた。そのお供えは幼いときから、わたしの仕事であった。仏壇には「ご先祖様の霊が祀られているのであろう」というのが、子ども心にもわたしの理解であった。月に一度は菩提寺の住職が、お経を上げに訪ねてきた。お盆の時期には生花・果物・菓子などが、普段よりも盛大に供えられていた。おそらくそれは、一昔前まで大半の日本の家庭で見られた光景ではないかと思う。しかし今日の都会の学生の何割かは、そのような習俗をまったく知らずに育っているかもしれない。わたし自身も実家を離れてから、そのような習俗とは無縁の生活を送ってきた。もっともお盆の時期に帰省したり、実家や親戚の法事に参列したりすることは、いまでも日本人の生活様式のなかに組み込まれている。その根幹をなすのは、「先祖供養」という名の宗教である。

『先祖の話』で柳田國男は、次のようなことを述べている。①日本人にとって家を継いだり立てたりすることは、きわめて重要な意味をもってきたこと。すなわち家は、「年代を超越した縦の結合体」であったこと。②お正月とお盆は元々、同等の機能をもつ行事であったこと。すなわちそれらは、ともに「ご先祖様の霊をお迎えする日」であったこと。③日本人にとって死者の霊は、必ずしも遠くに行くものではなかったこと。すなわち先祖の霊は、毎年決まった日に家に戻ってくるものであったこと。仏教の本来の教義からすれば死者の霊魂が、現世を彷徨しているというのは望ましい状態ではない。しかし日本人の死生観からすれば、それはそうではないらしい。というのもそこでは、家の永続に究極の価値がおかれているからである。すなわち家は、各人の生と死を超越して、子々孫々継承されなければならない。それがまさに、仏教その他の宗教の基層に位置する日本人の死生観であった。

日本人の死生観をめぐるそこでの柳田の主張は、農村での平穏な生活を一つのモデルにしている。すなわち「村人が亡くなると、その霊は近隣の山々に宿る。先祖の霊はそこから、人々の生活を見守っている。そして盆と正月には、山麓の家々に帰ってくる」という信仰システムが、それである。人々にとってそれは、死の恐怖を和らげる効能をもったに違いない。もっとも今日では、そのような平穏な生活は「失われた楽園」にすぎない。すなわちグローバル化と個人化の状況のなかで、ローカルなコミュニティは日増しに存立基盤を失いつつある。それでも「失われた楽園」は、いまでも人々の希求の対象であり続けている。たとえば日本人が、ハワイ、グアムなどの南方の島々を好むのはそれと無関係ではないかもしれない。というのも日本各地では、古くからこう信じられてきたからである。死者の魂は「常世《とこよ》の国」――海のはるか彼方にあるという理想の国――で、永遠の安息を得ている。

『日本人の思惟方法』で仏教学者の中村元は、比較思想史的に日本人の思考形式を問題にしている。日本人の思考形式の一つとして中村は、現世主義的傾向をあげている。中村はこう言う。一般に世界の宗教では、現世よりも来世に価値がおかれる。これに対して日本の宗教では、来世よりも現世に価値がおかれる。かくして肉体の死後も、現世に霊魂がとどまるという日本的な死生観が生まれる。このような日本人が仏教と遭遇したとき、起こったことは何か。中村によればそれは、仏教を現世主義的に変容させることであった。仏教は元々、現世否定的な思想傾向をもっている。しかし日本の仏教は、現世肯定的な思想傾向を強めていった。仏教の日本的変容を端的に表しているのが、「先祖供養」の習俗であろうと思う。中国哲学者の加地伸行はそこに、儒教の影響を見て取っている（『沈黙の宗教――儒教』）。いずれにしても「先祖供養」の周囲には、日本固有の死生観が構成されている。

明治二（一八六九）年に創建された靖國神社は、戊辰戦争から第二次世界大戦（太平洋戦争）にかけて「国家のために一命を捧げた」人々の神霊――「英霊」――を祀っている。そこには軍人や軍属のみならず、軍需工場で亡くなった学徒なども含まれている（その総数は二四六万六千余柱である、と靖國神社は言う）。この祭祀はそれ自体、国家的な規模での「先祖供養」と見なすこともできる。そこでは一面識もない死者が、「英霊」として尊崇の対象となる。第二次世界大戦期の兵士たちは「靖國で会おう」と誓い合って、それぞれ戦地に赴いたと言われる。そこにはまさに、「国家」という名の想像のコミュニティが構築されている。靖國神社では毎年七月に、みたままつりが執り行われる。わたしは一〇年ほど前から、この祭りに提灯を奉納している。伯父二人がそこに、「英霊」として祀られているからである。その祭りに出かけると、伯父たちに会ったような気になるのは不思議である。

G・ガルシア＝マルケスの『百年の孤独』は一言で言えば、コロンビアの内陸に位置する架空の町マコンドを舞台として、ブエンディアという一家の何世代にもわたる家系の歴史を辿った小説である。そこではまさしく、各世代のブエンディア家の人々の生と死が重層的に描き出されている。家系はそこで、各人の生と死を貫いて、どこまでも続いていくかのようである。しかし今日の家族は、それとは大いに様相を異にしている。バウマンは『コミュニティ』で、次のような女性ジャーナリストの言葉を引用している。「二一世紀において結婚生活に乗り出すことは、吸い取り紙ででき た筏で海に漕ぎ出すのと同じくらい愚かしいことである」。元々家族は、各人よりも長い寿命をもつ集団として想定されてきた。しかしいまや、家族の寿命よりも各人の寿命のほうが長い時代が到来したというのがバウマンの主張である。――わたしたちは最後に、新しい宗教について考えてみることにしよう。

# 12章

# 新しい宗教

## 巨人の肩の上に立つ

## 天理教

日本で「新宗教」を問題にする場合に、その草分けとして天理教が取り上げられることが多い。天理教の開祖である中山みきは、寛政一〇（一七九八）年大和国山辺郡三昧田《さんまいでん》村（現奈良県天理市三昧田町）の庄屋・前川家に生まれた。みきは一三歳で、山辺郡庄屋敷村（現天理市三島町）の庄屋・中山家に嫁いだ。そして四一歳のときに、神の啓示を受け、教えを伝え始めた。社会学的にはそれは、近代化の黎明期の出来事である。とりわけ大和国は、木綿・菜種その他の商品作物の生産が盛んであった。みきの嫁ぎ先である中山家も、木綿を商うとともに質屋を営んでいたという。わたしは『狐憑きと高利貸』という論文で、憑きもの筋と金融資本の関係を問題にしたことがある。ひょっとしたら天理教の開祖についても、そのような分析が可能かもしれない。その後天理教は、次第に教勢を拡大していった。そして第二次世界大戦前には、日本最大の「新宗教」の教団を構成していたと言われる。

日本ではいまでも、幕末維新期以降に成立した宗教をさして「新宗教」と呼ぶことが通例である。「新宗教」が続々と登場し、多くの人々を糾合するのは、いかなる状況であろうか。端的に言えばそれは、社会が流動化し、液状化する状況である。グローバル化＝個人化社会としての近代社会（あるいは現代社会）は、まさに「新宗教」の格好の舞台である。そこでは各人が、自らの生と死をどう意味づけするかという課題に直面する。そのような課題に対応しうる知的システムこそが、

「新宗教」であった。もっともグローバル化＝個人化は、近代社会に特有の事態というわけでもない。社会主義者のK・J・カウツキーは『キリスト教の起源』で、キリスト教の誕生の背景に当時のローマ帝国内部のグローバル化＝個人化の状況があったことを説き明かしている。カトリックに対してプロテスタントが登場することも、近代初頭のグローバル化＝個人化の状況とけっして無関係ではないであろう。

中山みきが「神の啓示を受けた」というのは、それ自体信仰の領分に属する。したがってそれを、客観的に叙述することは容易ではない。その上で伝承によれば、次のような出来事があったという。天保九（一八三八）年一〇月中山家では、みきの長男の足痛の治癒のために加持祈禱を行った。その折りにみきが、神憑《かみがか》りをするようになったというのである。専門家によればみきは、種々の家庭的な問題を抱えていたという。すなわちそれは、嫁として中山家を切り盛りしていくこと——具体的には家業・家事に従事したり、子どもを出産・養育したりすること——に関わる問題であった（島田裕巳『天理教』）。それはまさに、だれもが抱える問題であった。そしてみきの教えは、そのような日常的な問題にどう対処するかをめぐるものであった。すなわちかの女は、「神」を信じ、陽気に暮らすよう人々に説いた。その後天理教は、最盛期には四百数十万人もの信者を獲得するまで教勢を拡大した。

天理教の本部は現在、奈良県天理市にある。「天理」という市名は、天理教に由来している。その中心部に天理教関連の施設が建ち並ぶことから天理市は、宗教都市とも称される。わたしは天理市の隣市で生まれ育ったので、天理教には馴染みがある。子ども時代に隣家の紹介で、天理教の子ども向けの二泊三日の合宿（「こどもおぢばがえり」）に参加したことがある。合宿のメニューのなかには当然、宗教性の高い行事も含まれていた。たとえば朝夕の礼拝（「おつとめ」）、もっこで土を運んだり布で神殿の廻廊を拭いたりといった作業（「ひのきしん」）などが、それである。わたしが天理教に関わったのは、そのときだけである。ところがいまでも、「あしきをはろうてたすけたまえ　てんりおうのみこと」という歌（「みかぐらうた」）に合わせて「お手振り」ができる。単純にそれは、さきの合宿の成果である。子ども時代に刷り込まれた儀礼は、かくも耐久性を保っているのである。

H・ユーイング、R・グラディ共同監督のドキュメンタリー映画『ジーザス・キャンプ』は、アメリカのキリスト教福音派の女性牧師が主催する子ども向けのサマーキャンプを中心的な題材としている。一般に福音派は、「聖書は（神の霊感によって書かれたものであるから）誤りのない神の言葉である」との信仰をもつ教派の総称である。とりわけアメリカの福音派においては、霊的な「生まれ変わり（born again）」が強調される。『ジーザス・キャンプ』で描かれる女性牧師のサマーキャンプでは、集団的なトランス状態のなかで子どもたちに福音派の信仰が植え付けられる。第三者にとってそれは、「洗脳」以外の何物でもない。しかし当事者にとっては、「生まれ変わり」のための一歩ということになるのであろう。女性牧師は子どもたちを信仰に引き入れるために、あの手この手の方策を用いている。そこにはかの女が、聖職者にして実業家の風貌をもつことが明確に映し出されている。

## 世俗化

本章でわたしは、現代の宗教を問題にしようと思う。日本語の「現代の」にあたる英語は、contemporaryもしくはmodernである。語源的にそれらは、ともに「今日の」という意味をもつ言葉である。もっとも「今日の社会」の幅をどの程度とるかは、それ自体当事者の判断の問題である。今日の社会学では二〇世紀以降の社会をさして、「現代社会」という言葉を用いることが多い。英語ではmodern societyは、「現代社会」とともに「近代社会」をさす言葉である。そこでは二〇世紀以降の社会が、一七―一八世紀以降の社会の延長線上にあることが示唆されている。宗教社会学では従来、社会の近代化と世俗化が軌を一にすることが想定されてきた。一般に世俗化（secularization）は、神聖化（sanctification）の対立概念にあたる。すなわちそれは、社会生活の全般において宗教の影響力が弱体化する傾向をさす。はたして今日、そのような理論的想定は正しかったと言うことができるのか。

P・L・バーガーは『聖なる天蓋』のなかで、世俗化について論じている。かれによれば世俗化は、近代社会の一般的な傾向である。しかしまた同時に、その進行の度合は地域や集団によってでこぼこがある。バーガーは世俗化の根源を、近代資本主義の発展に求めている。マルクスとエンゲルスによれば近代資本主義は、人格的な関係を非人格的な関係に、ローカルな関係をグローバルな関係に、固定的な関係を流動的な関係にそれぞれ置き換える変革力をもつ。近代資本主義の圧倒的な変革力の前では宗教的なものは、ほとんど無力な存在でしかない。その上でバーガーは、プロテスタンティズムそのものを世俗化の前触れ《プレリュード》としてとらえている。「魔術からの解放（disenchant-ment）」をめぐるウェーバーの所説を引きつつ、バーガーはこう説く。プロテスタンティズムの下で世界は、「聖なる世界」と「俗なる世界」に二分される。そこでは人間は、もはや「俗なる世界」の住人でしかない。

もっとも「倫理」論文では、この「聖なる世界」と「俗なる世界」が強引に結びつけられている。すなわち「倫理」論文は、こう説く。カルヴィニズムの下で人々は、「神によって救われる」かどうか不確定な状況におかれる。その状況下で人々が、「神によって救われる」という確証を得るために行ったことは何か。それがまさに、世俗の職業に専念することであった。遺憾ながらそれは、針の穴にラクダを通すような議論と言うほかはない。実際にそこで起こったのは、「聖なる世界」からの人々の解放であった。同じ論文の末尾近くでウェーバーは、こう書く。「資本主義が今日最も高度な発展を遂げているアメリカでは、富の追求は、宗教的・倫理的意味を剝ぎ取られ、純粋な競争的感情と結びつきがちである。それが、スポーツの性格を帯びることも珍しくない」。そこでは世俗化の道をひた走る近代社会（ないしは現代社会）の情景が、ウェーバー自身によって的確にとらえられている。

社会の世俗化が進行するとき、宗教にはいかなる影響が及ぶであろうか。必ずしも宗教が、ただちに衰滅に向かうというほど話は単純ではない。バーガーによれば宗教は、かつては人々の生活全般を意味づける役割を果たしていた。バーガー自身の用語を借りればそれは、「聖なる世界」としてのコスモスと「俗なる世界」としてのノモスが一体であった状況に対応する。しかし歴史は、この二つの世界が徐々に分離する方向に進んだ。それがまさに、ここで言う世俗化である。その際宗教は、各人の私的領域に押し込められる。すなわちそれは、宗教の個人化であり内面化にあたる。それと同じことは、バーガー以外の社会学者によっても種々指摘されている。たとえばドイツの社会学者Th・ルックマンもまた、世俗化のなかでの宗教の今日的様相を問題にしている。いまでは宗教は、たんに個人のアイデンティティを意味づける価値システムになりつつあるとかれは言う(『見えない宗教』)。

世俗化のなかで宗教に及ぶ影響として、いま一つ注目すべきは宗教の商品化であろう。元々宗教には、一定の市場のなかで各宗教や各宗派が信者を奪い合うという一面がある。その意味では商品性は、宗教の一般的な性格でもある。もっとも世俗化は、特定の宗教や宗派に人々が縛られることが少ない状況の出現を意味する。その意味では現代の宗教は、恒常的に商品性を帯びることを強いられていると見ることができる。そこでは宗教の競争相手は、他の宗教や宗派とは限らない。というのも今日、「個人のアイデンティティを意味づける価値システム」は宗教に限られるわけではないからである。たとえば政治、経済、学問、芸術、スポーツなどの周辺にも、その機能的な代替物は多々存在するに違いない。宗教は今日、多元的な(pluralistic)価値観の世界に身をおくことを余儀なくされている。もし宗教者が一元的な世界観に固執すれば、「狂信者」のレッテルを貼られるのが落ちであろう。

## 原理主義

世俗化の理論はいまでも、一定の理論的妥当性を保っているように映る。しかしまた同時に、その理論的射程に限界があることも次第に明らかになってきている。とりわけ今日でも、宗教（その機能的な等価物を含む）が各所でしっかり根を張っていることをどうとらえるかという難題がある。今日では「世俗化」に対して、「再聖化（resacralization）」という概念も提示されている。「世俗化」が「脱神聖化」であるとすれば、「再聖化」は「脱世俗化」である。つまりは今日、宗教が復興しつつあるというのが「再聖化」の理論である。なぜ今日、宗教が復興しつつあるのか。それについて社会学の立場から、次のような仮説を打ち出すことができる。今日のグローバル化＝個人化の状況のなかで宗教は、再び人々の結合の絆として働いている。あるいはまた宗教は、再び人々にとって生の案内人として働いている。すなわち宗教は、新たな状況において本来の役割を果たしているにすぎない。

現代の宗教を問題にする場合に、中心的な主題の一つとなるのが原理主義である。原理主義（fundamentalism）は本来、キリスト教の神学用語である。すなわち一九二〇年代のアメリカのプロテスタントのなかで、世俗主義・近代主義・自由主義・多元主義・相対主義などの風潮に対して聖書の無誤性を主張する人々が登場した。かれらは自らの思想や運動を、「原理主義」（あるいは「福音主義」）と呼んだ。実際には「原理主義」は、種々の教派に分かれている（さきに取り上げた福音派は、それらを包摂する用語である）。そのなかで何が「原理主義」であるかは、一義的には定めがたい現状がある。元々「原理主義」は、当事者の自称であった。しかしそれは、次第に第三者からの呼称に転じていった。そしてそれには、明らかにネガティヴな語感が付きまとうようになった。たとえば「キリスト教原理主義」は、進化論・同性愛・性教育などを認めないといった侮蔑や非難がそれである。

その後「原理主義」は、キリスト教以外の宗教にも適用されるようになった。すなわちそれは、①（宗教的な文脈で）聖典に根拠をもつ教義や規範を厳格に遵守しようとする立場をさす言葉になった。たとえば「イスラーム原理主義」が、それにあたる（それはまさに、イスラームの教義や規範を厳格に守り、イスラーム国家の建設を目ざす思想や運動をさす）。これとは別に「原理主義」は、②（一般的な文脈で）原理や原則を厳格に守ろうとする思想や運動をさす言葉になった。ナチスの思想や運動を「民族原理主義」と呼んだり、自由放任主義の立場を「市場原理主義」と呼んだりするのは、このような用例にあたる。宗教的な文脈での「原理主義」の批判は、世俗主義・近代主義・自由主義・多元主義・相対主義などの側からのイデオロギー批判にあたる。しかし「原理主義」の側が、自らの誤りを簡単に認めるはずはない。したがってそこには、永遠に交わらない平行線があるだけである。

「イスラーム原理主義」は今日、一つの「野蛮」な——「文明」に敵対する——思想や運動として理解されている。とりわけそれは、数々のテロ事件を主導し、実行してきた思想や運動として理解されている。つまりは今日のテロ（ないしはテロリズム）の元凶にあたるのが、「イスラーム原理主義」であるというのである。一般にテロとは、一定の政治的目的のために暗殺・暴行・粛正などの暴力的手段に訴えることをさす。テロは非国家的な組織や個人を主体とする行為であることにおいて、戦争とは異なる。そしてそれは、予測不能性を大きな特徴とする。元々テロは、「恐怖（terror）」に由来する言葉である。まさしく予測不能であるがゆえに、人々の恐怖や不安を増幅させるのがテロの特徴である。もし「イスラーム原理主義」が、そのようなテロを容認したり、称揚したりする思想や運動であるとすればどうか。人々にとってそれが、恐怖の対象でしかないとしても少しも不思議はない。

もっともそれは、ある程度創作され、喧伝されたイメージであるように映る。とりわけイスラーム一般を、「イスラーム原理主義」と同一視することには慎重でなければならない。実際にはイスラーム勢力は、穏健派から過激派まで多様な形態をとっているからである。元々イスラームは、世俗主義・近代主義・自由主義・多元主義・相対主義などとは一線を画する立場である（ちなみに「イスラーム」は、アッラーへの「帰依」を意味する言葉である）。しかし現実のイスラーム世界は、反イスラーム的な様相に満ちている。そこにまさに、「原理主義」の登場する余地がある。その意味では「イスラーム原理主義」は、世俗化の副産物である。そしてまたそこには、再聖化の何であるかが明快に映し出されている。「イスラーム原理主義」が希求し、待望するのは、「失われた楽園」である。もっとも反イスラーム勢力に打撃を加えることで、「失われた楽園」に立ち戻れる保証はどこにもない。

## カルト

戦争の最中に数十人の少年たちが、イギリスから海外に疎開する。かれらを乗せた飛行機は、敵の攻撃を受け、南太平洋の孤島に不時着する。その際同行の大人たちは、全員亡くなる。かくして少年たちは、救助を待ちながら自分たちだけで何とかやっていかなければならなくなる。大略それが、W・ゴールディングの近未来小説『蝿の王』の舞台設定である。それはまさに、少年漂流物語と同じ構成をとっている。しかしそこでの展開は、通常の少年漂流物語とは異なっている。すなわち少年たちが、「自分たちだけで何とかやっていく」のが少年漂流物語である。しかし『蝿の王』の少年たちは、「自分たちだけで何とかやっていく」ことができない。社会学的な表現を使えばかれらは、ホッブズの言う自然状態におかれる。そこから社会状態を創出するために、かれらもかれらなりに努力する。しかし結果的に、その努力は実を結ばず、戦争状態が生じるというのがそこでの物語の展開である。

孤島での生活のなかで少年たちは、大きく二つの集団に分かれる。すなわち集団Aは、当初の目標通りに秩序だった生活を送ろうとする。これに対して集団Bは、豚狩りを日常の活動の中心におく。物語のなかで集団Bは、次第にカルト教団の様相を呈するようになる。たとえば色粘土で顔に隈取りを施したり、正体不明の「獣」の襲来を恐れたりといったことが、それである。かれらは豚の生首を、この「獣」に捧げる。「蝿の王」という小説の表題は、この生首に無数の蝿がたかっている光景に由来する（「蝿の王」は邪神や悪霊として、旧約聖書や新約聖書にも登場する）。結果的に少年たちの大半は、集団Bに糾合されることになる。そして集団Aの残党の数名は、集団Bの殺害の標的となる。小説の結末で少年たちは、イギリス海軍によって救出される。海軍士官は少年たちの様子を見て、こう言う。「イギリスの少年たちであったなら、もう少し立派にやってのけてもよかったろうに」。

カルト（cult）は元々、神々や英雄への「崇拝」を意味する言葉である。したがってそこには、必ずしもネガティヴな含意はない。しかしカルトは、一九六〇年代ごろから狂信的な信仰や教団をさす用語として定着するようになった。今日ではそれは、反社会的な性格をもつ信仰や教団をさす言葉として広く使われている。明らかにそれは、「正統」に対する「異端」の、「正教」に対する「邪教」の位置にあたる。もっともカルトの側（正確には「カルト」と名指される側）が、自らを「異端」や「邪教」ととらえていないのは「原理主義」の場合と同じである。したがってここでも、「神々の闘争」に簡単に決着はつきそうもない。『蝿の王』の少年たちの集団は「敵」を創出したり、排斥したりすることで、教団のメンバーの内的な結束を図っている。たしかにそれは、カルト教団一般に認められる傾向である。と同時にそれは、いかなる教団にも大なり小なり認められる傾向ではなかろうか。

カルト教団が反社会性を露骨に示すのは、教義上テロや殺人を正当化する場合であろう。アメリカの社会学者M・ユルゲンスマイヤーは『神の名の下でのテロ』（邦題『グローバル時代の宗教とテロリズム』）で、宗教による暴力の正当化を問題にしている。かれはそこで、オクラホマシティ連邦政府ビル爆破事件、九・一一事件、地下鉄サリン事件などの事例研究を行っている。その上でかれは、宗教的なテロ行為とは何かを理論的に問うている。それによれば宗教的なテロ行為は、戦略的な行為というよりも象徴的あるいは演劇的な行為としての意味をもっている。その根底には「永久戦争（cosmic war）」の理念がある、とユルゲンスマイヤーは説く。それはまさに、善と悪、正と邪、聖と俗などの形而上学的な対立に基づく想像上の戦争をさす。第三者にとってそれは、単なる妄想の産物にすぎない。しかし当事者にとって、それが十分にリアルであることにここでの問題の深刻さがある。

イラン出身のアメリカの宗教学者R・アスランは『原理主義を超えて』（邦題『仮想戦争』）で、ユルゲンスマイヤーの「永久戦争」の概念を継承している。その上でアスランは、それにもう一歩踏み込んだ分析を加えている。かれによれば「永久戦争」は、領土や政策をめぐる争いではなくアイデンティティをめぐる闘いである。その根源にはグローバル化＝個別化の状況がある、とアスランは言う。つまりは不安定な状況のなかで、自己の存在証明として「永久戦争」があるというのである。九・一一事件の実行者の一人がもっていた文書には、次のような指示が記されていたという。

「そのときが近づいたら、神のために死を喜んで迎えよ。息を引き取るとき、神を思い起こせ。最後の言葉は、『アッラーのほかに神なし！』であれ」。わたしたちはそこに、カルト的な狂信性を見て取ることができる。しかし実行者にとって、それが一つのバーチャル・リアリティであったことも事実である。

## スピリチュアリティ

レバノン出身のフランスの作家・ジャーナリストのA・マアルーフは『アイデンティティが人を殺す』で、アイデンティティの今日的な様相を問題にしている。マアルーフによれば人間は、年齢、性別、国籍、民族、言語、宗教、職業、階級、趣味などのさまざまな集団に帰属している。その意味では本来、各人のアイデンティティは複合的な性格をもつ。しかし各人にとって、絶対的に他に優越する属性がある――あるいは、そのような属性がなければならない――とするのが今日的な意味でのアイデンティティの概念である。とりわけマアルーフは、アイデンティティが民族や宗教と結びつくことの危険性を強調する。つまりはそれが、カルト的な狂信性の源泉になるというのである。ますますグローバル化し、個人化する世界のなかで、人々のアイデンティティは恒常的に不安定化している。そのなかで人々は、「安定したアイデンティティを手に入れたい」という欲望に突き動かされている。

書籍の世界でベストセラーを生み出し続けている部門に、自己啓発がある。『啓蒙とは何か』の巻頭でカントは、こう説く。「啓蒙とは、未成年の状態から自ら抜け出すことである」。カントによれば「未成年の状態」とは、他者の指導なしに自らの理性を使うことができない状態を言う。そこには本来、教育は自己啓発（self-enlightenment）でなければならないというカントの教育観が明示されている。はたして今日の「自己啓発」は、字義通り自己啓発的な性格をもっているであろうか。遺憾ながらそれは、必ずしもそうではないように映る。実際には「自己啓発」は、各界のカリスマ的な教育者の指導の下で行われている。すなわち人々は、「これは」と思う専門家の著作を読んで、かれらの指南を仰ぐ。今日ではそれは、事業・仕事・蓄財・学習・交際・恋愛・心理・人生・健康その他の各領域に及んでいる。わたしたちはそこに、今日における宗教の一つの形態を見いだすこともできる。

アメリカの著述家N・ヒルの『思考は現実化する』（原題『頭を使って豊かになれ』）は自己啓発本の古典にして、いまでも一定の読者層を摑んでいる。著者はそこで、かれなりの成功哲学を説いている。著者はこう言う。「できると信じたことは実現できる」。そこでは「自己啓発」の何であるかが、明快に示されている。文字通りそれは、「思考は現実化する」ということである。かつてシカゴ学派の社会学者W・I・トマスは、トマスの公理を提示した。トマスはこう言う。人々が「リアルと思うことがリアルである」。たとえば「神」の存在は、それを信じる人々にとって一つの現実である。わたしたちはそこに、「思考の現実化」を見て取ることができる。もっとも「できると信じたことは実現できる」というのは、読者の誤解を招きやすい。実際にはそこでは、ポジティヴな姿勢の重要性が語られているだけである。イエスも福音書で、こう言っている。「求めよ、さらば与えられん」。

ネット書店で自己啓発本の近辺には、スピリチュアリティ関連の書物が並んでいる。スピリチュアリティは今日、医療や福祉の領域でも（具体的には緩和ケア、終末医療、対人援助などの場面で）言及される主題である。宗教の領域ではそれは、既存の宗教概念では包摂しにくい現象をさす用語として定着している。すなわちスピリチュアリティは、既存の宗教のように教団や教義によって裏打ちされてはいない。どちらかと言えばそれは、各人の個人的な経験に根ざしたものである。それゆえにそれは、各人にとって固有の現実性をもっている。たとえば癒やし、瞑想、ヨーガ、気功、超能力（霊能力）、占い、超常現象、オカルト、UFO、パワースポット、守護霊、ドラッグ、レイブ（大規模な野外音楽イベント）、セレブリティ崇拝、疑似科学などは、いずれもスピリチュアリティとの関連で論及しうる。広義の宗教は今日、わたしたちの生活にさまざまなかたちで入り込んでいるのである。

前の段落でわたしは、スピリチュアリティが「各人の個人的な経験に根ざしたもの」であると書いた。しかしそれは、スピリチュアリティの社会学的解釈として十分ではない。実際にはスピリチュアリティを媒介として、人々の間に「想像のコミュニティ」が形成されることが多いからである。この場合スピリチュアリティは、個人的な経験にして共同的な経験でもある。人々はスピリチュアルな集団に参加することを通じて、自己のアイデンティティを確認する。それはまさに、スピリチュアリティが宗教の代用品であることを示唆している。一般にスピリチュアルな集団は、平均寿命が短いという特性をもつ。一〇月末日の夜にハロウィン・パーティーの名目で、人々が渋谷に集まる習俗が定着してきている。社会学的に見ればそれは、一夜限りのスピリチュアルな祝祭である。人々は一晩、魔女や死霊の姿で渋谷の街中を徘徊する。おそらくそれは、群衆のなかの孤独を嚙みしめる体験なのであろう。

## 日蓮主義

日本の「新宗教」は今日、世界の宗教動向を反映するかたちで多彩な広がりを見せている。その上で日本の「新宗教」の中核を占めるのは、神道系と仏教系とりわけ法華系の教団である。そのうちここでは、法華系の教団に着目したいと思う。といってもここで、法華系の「新宗教」の教団（立正佼成会、霊友会、創価学会など）を直接的な研究対象としようというのではない。「巨人の肩の上に立つ（stand on the shoulders of giants）」という格言は元々、「巨人の肩の上に立つ小人（nani gigantum umeris insidentes）」というラテン語の格言に由来する。一言で言えばそれは、今日の仕事の基礎には先人の業績があることの喩えである。社会学的に見れば宗教においても、それと同様の構図が見て取れる。たとえばイスラームの基礎にはキリスト教があり、キリスト教の基礎にはユダヤ教がある。いったい法華系の「新宗教」の基礎には、いかなる宗教的伝統を見いだすことができるのか。

宗教社会学者の大谷栄一は日本の近代史に、「日蓮主義（Nichirenism）」の思想的系譜があったと主張している（『日蓮主義とはなんだったのか』）。大谷によれば「日蓮主義」とは、『法華経』に基づく政教一致（日蓮の言う「法国冥合」「王仏冥合」「立正安国」など）の実現を目ざす思想や運動をさす。「日蓮主義」は元々、明治三四（一九〇一）年に法華宗系の在家仏教団体・国柱会の創設者である田中智学が考案した用語である。その後それは、今日にいたるまで社会的影響力を保ち続けている。大谷は第二次世界大戦以前の「日蓮主義者」として、以下のような人々のリストを掲げている（引用者が抜粋）。田中智学、本多日生《にっしょう》（顕本法華宗管長）、高山樗牛《ちょぎゅう》（思想家）、牧口常三郎《つねさぶろう》（創価教育学会創設者）、姉崎正治（宗教学者）、北一輝（国家社会主義者）、井上日召（血盟団指導者）、石原莞爾（満州事変首謀者）、宮沢賢治（国柱会に帰依）、西田税《みつぎ》（二・二六事件首謀者）。

「日蓮主義」の根源は当然、一三世紀の日蓮当人の思想に求められる。日蓮は自らの教え（日蓮宗）を開創したのちに、『立正安国論』を北条時頼（北条氏本家の惣領にして当時の最高権力者）に奏進する。日蓮はそこで、①種々の災厄（地震・暴風・大雨・飢饉・疫病など）が世に溢れていること、②その原因は正しい仏法が信仰されていないことにあること、③誤った教え（とりわけ法然浄土教）を禁じなければ国内の戦乱や外国の侵略を招きかねないこと、④正しい教えである『法華経』に帰依すべきであることを説いている。残念ながら日蓮の献言は、幕府の受け入れるところではなかった。日蓮は生涯を通じて、諸宗折伏《しゃくぶく》（相手の誤りを打破して、正法に帰服させること）の法戦を行い、数々の法難を受けた。かれの思想の特徴は『法華経』に基づいて、政教一致の理想国ることができる。

家を実現することであった。わたしたちはそこに、日本における一つの原理主義的な立場を見て取

日蓮当人が示していた原理主義的傾向は、その後の日蓮宗の系譜のなかでも種々継承されている。戦国時代に法華宗（日蓮宗の別名）は、京都の町衆の間に浸透した。当時の法華宗徒の結合は「一向一揆」との対比で、「法華一揆」と呼ばれる。「法華一揆」を特徴づけるのは、「不受不施《ふじゅふせ》」の原則である。すなわちそれは、（法華の僧は）法華の信者以外の者から施しを受けず、（法華の信者は）法華の僧以外の僧には施しを与えないという原則である。それは日蓮以来の原則にして、法華宗徒たちの同志的な結合の中核をなすものであった。しかし法華宗は、豊臣政権ならびに徳川政権の下で政治的妥協を強いられることになる。一つの契機となったのは秀吉から、方広寺での千僧供養会に他宗の僧侶とともに出仕を求められたことである。その際日蓮宗は、不受不施派（原則主義）と受布施派（現実主義）に分裂した。次いで徳川政権の下でも、不受不施派はキリシタンとともに禁制となった。

おそらく明治以降の「日蓮主義」も、このような日蓮宗の伝統のなかで考察されるべきものであろう。大谷が説くようにそこでは、さまざまな文脈において「仏国土」の実現が目標となっている（たとえば満州国の建設や二・二六事件にも、そのことは映し出されている）。のみならず「日蓮主義」は、第二次世界大戦後の法華系の「新宗教」の教団にも流れ込んでいる。とりわけ創価学会では、それが血となり肉となっている。はたして今日、仏教的な理想国家が実現する見通しはあるのか。

客観的に見ればそれは、そうではあるまい。にもかかわらず多くの人々が、いまでも宗教的なユートピアに取り憑かれている。そこにまさに、宗教社会学の最大の主題があると言うことができる。十字架につけられたイエスは、大声で神にこう叫んだと福音書は伝える。「わが神、わが神、なぜわたしをお見捨てになったのですか」。にもかかわらず多くの人々が、いまでもイエスの教えを信じ続けている。

U・ベックはグローバル化＝個人化社会のなかで、宗教もまた市場化するとともに個人化していると言う。いまや各人は、「自分自身の神」を求めているというのがベックの見解である。各人が「自分自身の神」を信奉する状況は、ほとんど絶望の荒野と呼ぶにふさわしい。というのもそこには、文字通り神も仏もないからである。いったい人々は、このような絶望の荒野を生き抜くことができるのか。それともそこから、何か新しい宗教が生まれてくるのか。本書はこれまで、宗教社会学の旅を続けてきた。この旅の標語にあたるのが、「神、それは社会である」という命題であった。すなわちそれは、「宗教は社会を映し出している」というのと同義である。その旅の終着点で絶望の荒野に行き合うのは、けっして愉快な出来事ではない。しかしそれが、つねに社会学的な思索の出発点であることを忘れてはならない。——さて巡礼の旅を終えるにあたり、案内人から結びの挨拶を申し述べたい。

# おわりに

## 神、それは社会である

本書は社会学の立場から、宗教事象全般について概括的な考察を試みたものである。社会学のなかで「宗教社会学」は、必ずしも中心的な研究主題ではない。一つにはそれは、「宗教社会学」が宗教学の領分として理解されているからである。実際に宗教学の周辺には、「社会学的」と評価しうる研究も多い。もっとも宗教学の周辺では、特定の主題に焦点を当てた実証的研究が多い。のみならず分野を問わず、学問研究の専門化・細分化の傾向は顕著である。したがって一人の研究者が、「宗教事象全般について概括的な考察を試みる」といった――大胆にして不遜な――仕事は好まれない学問的状況がある。その一方で社会学の歴史を繙けば、とくにそれを専門としているわけでもない社会学者による宗教研究が一つの系譜を作り上げていることが確認できる。ジンメル、デュルケーム、ウェーバーは言うまでもなくパーソンズ、ルーマン、U・ベックなども、この系譜に連なる社会学者である。

わたしは自分を、そのような大家の社会学者に準えるつもりはもうとうない。わたしは本書の版元（東京大学出版会）から、社会学の概説書（『社会学』）と学説史（『社会学の歴史』）を刊行している。それに続く題材として今回、宗教社会学を選んだというだけの話である。しかしそれが、宗教社会学でなければならない事情もないではない。かつて宗教社会学は、社会学の中核的な研究領域であった。しかしそれは、いまでは社会学の周辺領域に追いやられている。かつて宗教社会学が社会学の中枢を占めていたのは、宗教の社会的な地位を反映していた。つまりは本来、社会と宗教は切っても切れない関係にあった。もしそうであれば、「社会学は宗教社会学であり、宗教社会学が社会学である」との主張も成り立たないわけではない。しかし今日では、そのような宗教社会学の栄光の時代はとうに終わっている。というのも今日、宗教の社会的な地位は以前よりも低下しているからである。

その上で宗教の論理は、いまでも社会的に命脈を保っているとここでは言いたいのである。デュルケームは『宗教生活の基本形態』で、神は社会の象徴的な表現であると述べている。いや実質的にはかれは、そこでこう言っている。「神、それは社会である（God is society, writ large）」。つまりは宗教の論理は社会の論理であり、社会の論理は宗教の論理であるというのが、そこでのデュルケームの主張である。それは後世の社会学者や社会学徒にとって、いまだに霊感の源泉となりうるものではなかろうか。一般に宗教の論理と社会の論理の間には、大きな隔たりがあると理解されている。具体的には宗教の論理は非合理的であり、社会の論理は合理的であるというのが、通常の社会学的理解である。たしかに目に見えず、耳に聞こえず、手で触れられないものを、「神」と呼ぶのは合理的でない。しかし目に見えず、耳に聞こえず、手で触れられないのは、「社会」もまったく同じである。

わたしは本書で、宗教を一つの自己言及的な（self-referential）システムとしてとらえている。たとえば木や石や水や森や山が、「聖なるもの」として崇拝の対象になるのはなぜか。とどのつまりそれは、それらの木や石や水や森や山が「聖なるもの」として崇拝されるからである。すなわち宗教は、「聖なるもの」を「聖なるもの」として――「神」を「神」として――信奉するシステムである。かりにそれを、宗教の論理と呼ぶことにしよう。その場合宗教の論理は、宗教以外の領域をも貫いているというのが本書の理論的な関心であった。たとえば法（「法」を「法」として信奉するシステム）、貨幣（「貨幣」を「貨幣」として信奉するシステム）、愛（「愛」を「愛」として信奉するシステム）などが、それにあたる。実際には「社会」そのものが、「社会」を「社会」として信奉するシステムである。言い換えればそれは、一定の「信仰のコミュニティ」に基礎をおくシステムなのである。

さきの作品でデュルケームは、宗教が社会を統合する機能に着目している。そこにかれの実践的な関心が映し出されているのは、他の作品（『社会分業論』や『自殺論』）からも明らかである。デュルケームが社会学に従事していたのは、一九世紀末から二〇世紀初めにかけてであった。その当時かれが直面したのは、グローバル化＝個人化社会の現実であった（かれがアノミー概念を提起したのも、それと対応している）。そのなかでデュルケームは、社会の再統合のためのプランを練っていた。わたしたちもまた今日、グローバル化＝個人化社会の渦中におかれている。そのなかで宗教が、いかなる様相を示しているかということが本書の実践的な関心であった。わたしはここで、宗教による社会の再統合を企図してはいない。しかし今日、宗教がさまざまな場面で社会を再統合する機能を果たしていることには興味をもつ。その功罪を分析することは、宗教社会学の今日的な課題の一つである。

## 壜のなかのメッセージ

ここで本書の章立てについて、簡単に振り返っておきたい。本書で扱った主題は、大きく二つに区分される。すなわち「宗教」「信仰」「教団」「儀礼」「生と死」「新しい宗教」は、宗教社会学の一般的な主題に含まれる。それに対して「政治」「経済」「学問」「芸術」「スポーツ」「セクシュアリティ」は、必ずしもそれに含まれない。その意味では本書は、広義の（もしくは新しい）宗教社会学を志向していることになるかもしれない。前者についてはここで、とくに付け加えるべきことはない。それらの主題については宗教学や社会学の周辺で、すでに膨大な研究蓄積がある。本書には固有の理論的・実践的な関心の下でそれらの研究蓄積を整理したのが、本書の半分の内容である。それに対して後者については、多少冒険的・挑戦的な議論を展開している。いったい「政治」「経済」「学問」「芸術」「スポーツ」「セクシュアリティ」は、いかなる意味で宗教と関わりをもつというのか。

それについて本書に示唆を与えてくれたのは、ホイジンガの『ホモ・ルーデンス』である。かれはそこで、人間の文化の根源に「遊び」があると説いている。「遊戯人（Homo ludens）」というホイジンガの用語に倣って言えば、本書が提起するのは「宗教人（Homo religiosus）」の概念である。ホイジンガは「遊び」のなかに、精神的・文化的なものを見いだしている。そしてかれは、①自由な活動であり（仕事ではなく）、②それ自体で完結した行為であり（他の目的のための手段としての行為ではなく）、③一定の時間的・空間的条件のなかで反復されることに「遊び」の特徴を見いだしている。それはまさに、宗教的行為（「聖なるもの」を「聖なるもの」として信奉する行為）にもあてはまる特徴である。「遊び」と宗教的行為の概念的な上下関係がどうであるかは、ここでは問わない。ここではホイジンガに倣って、こう言いたいだけである。「人間の文化の根源には宗教がある」。

「政治」「経済」「学問」「芸術」「スポーツ」はいずれも、そのような文脈で本書のなかで取り上げられている（なお『ホモ・ルーデンス』でも、「学問」「芸術」「スポーツ」は主題的に、「政治」「経済」は副次的に取り上げられている）。今日では政治や経済や学問や芸術やスポーツは、基本的に宗教と切り離されている。しかしそれらの根源には、宗教の論理があるというのが本書の関心である。それに対して「セクシュアリティ」は、その扱いが難しい主題である。セクシュアリティは本来、文化の領域というよりも自然の領域に属している。あるいはまたそれは、文化の領域と自然の領域の境界面に立ち現れる事象である。したがってここでは、セクシュアリティの根源に宗教の論理を見いだしたいわけではない。どちらかと言えば宗教とセクシュアリティがどう切り結ぶかということにここでの中心的な関心はある。そしてまた愛、結婚、道徳などが、そこでの副次的な主題となる。

　ひょっとしたら読者の皆さんは、わたしが戦線を拡大しすぎているとご覧になるかもしれない。本書は一人で、宗教社会学の全体的な見取図を提示することを目標とした著作である。その際社会学的構想力を存分に発揮することもまた、ここでのわたしの目標であった。分野の専門化と細分化が進行する今日、学問はますます職業的研究者だけのものになりつつある。すなわちそれは、一般の人々との結びつきを失いつつある。とりわけ学術書が、一般の読者と疎遠になるのは残念なことである。本書は専門的な学術書であると同時に、一般の読者向けの作品でもある。書籍は本来、壜のなかのメッセージ（message in the bottle）である。すなわち著者は、壜のなかにメッセージを入れて海に流す。どこかの海岸で読者が、それを拾い上げて読むというのがそこでのコミュニケーションである。そのようなコミュニケーションが成り立つためには、いかなる条件がクリアーされる必要があるのか。

　一つにはそれは、壜のなかのメッセージに価値があることである。同時に読者が、それを主体的に読み解く姿勢をもつかどうかもそこでは問われる。実際にはいかなるコミュニケーションにおいても、それと同等のことが問われている。もちろん宗教的な場面においても、それは同じである。特定の宗教が信者を引き寄せる場合、①その宗教が何を訴えているかということと同時に、②信者自身が何を求めているかということがそこでは問われる。とりわけ本書においては、この②の側面の分析に力点をおいたつもりである。理論的には本書が、トマスの公理を再評価したことがそれに対応する。端的に言えばそれは、人間が「リアルと思うことがリアルである」という原則である。ある教説が「リアルである」と信者が思わない限り、宗教的なコミュニケーションは成り立たない。おそらく宗教の側も、こう言いたいであろう。わたしたちは壜のなかにメッセージを入れて、海に流し続けています。

## 根源的な問題

『秘蔵宝鑰《ほうやく》』の序文で空海は、こう書く。「生まれ生まれ生まれ生まれて、生《しょう》の始めに暗く、死に死に死に死んで、死の終りに冥《くら》し」。空海はこれを、五七歳のときに書いたという。そこに示される透徹した死生観は、いまさらながらわたしの心を打つ。もっとも『秘蔵宝鑰』を読んで、わたしは愕然とする。「生まれ生まれ生まれ生まれて、生の始めに暗く、死に死に死に死んで、死の終りに冥し」はそこで、一つの迷いとして扱われているからである。そのような迷いに対して仏教の教えが用意されている、と空海は説く。ここには宗教にどう関わるかをめぐる、信仰者（信心者）と非信仰者（不信心者）の間の決定的な断絶が映し出されている。本書でわたしは、非信仰者の立場を貫いている。学問の世界ではそれは、共感をもって受け入れられるかもしれない。しかし信仰の世界では、反感をもって受け止められてもしかたがない。いまでも学問と信仰の間には、容易に越えがたい壁がある。

宗教学の周辺では信仰者（聖職者あるいは平信徒）が、宗教研究に従事することが少なくない。この場合は学問と信仰の間に、何ら壁はないのであろうか。おそらく話は、そう単純ではないのであろうと思う。かれらはまさに、信仰者と非信仰者の間の境界的な存在である。したがってかれらの学問が、信仰者には非信仰的に、非信仰者には信仰的に映っても不思議はない。もっともここでは、信仰者の立場を否定したり、批判したりするつもりはない。「信仰の何であるか」を――非信仰者の立場から――相互主観的に（intersubjectively）理解しようというのが、社会学の立場である。いったいそこでの相互理解の正否は、何によって判断されるのか。もちろん教理や史実の分析が的確であるかどうかが、そこでは問われる。しかし最終的には、そこでの理解がどれだけの人々によって共有されるかが重要な試金石となる。わたしたちはそこに、「理解のコミュニティ」を見て取ることもできる。

昔カンタベリー大聖堂を訪ねたときに、ある埋葬者の棺の上の仰臥像がひどくすり減っているのに目が留まった。おそらくそれは、病気や怪我の平癒のために人々がさすったことの結果なのであろうとわたしは想像した。実際にカンタベリー大聖堂は、そこで暗殺された聖ベケットの遺骨への信仰――それには病気や怪我を治癒する力があるという――によって多くの巡礼者を集めていたらしい。吉野水分《みくまり》神社を訪ねたときには、乳房型の絵馬が多数奉納されていることに驚かされた。その神は（「みくまり」が「みこもり」となまって）子宝の神として、人々の崇敬を集めてきたとのことであった。本居宣長の両親が宣長を授かる前に、ここを参拝しているという逸話まで残っている。これに類する話は、どこの神社や寺院や教会にも一つや二つはある。そこには人々にとって、宗教の何であるかが映し出されている。不確実性に満ちた生を送るにあたって、神仏に加護を願うことがそれである。

一般に仏像は、手で印相を結んでいる。たとえば東大寺の大仏（盧舎那仏像）は、右手は施無畏《せむい》印、左手は与願《よがん》印に結んでいる。施無畏印は手を上げて掌を前に向けた印相で、「畏れることはない」とのサインである。これに対して与願印は、手を下げて掌を前に向けた印相である（合わせて東大寺の大仏は、施無畏与願印を結んでいることになる）。与願印は文字通り、「願いを聞き届けよう」とのサインである。もちろん仏に願っただけで、その願いが実現することはない。実際には当事者が、その願いの実現に向けて行動するほかはない。社会学的に見ればここでもまた、トマスの公理（「リアルと思うことがリアルである」）が働いているのである。聖林寺（奈良県桜井市）の客仏である十一面観音菩薩像は、右手を与願印に結んでいる（カバー写真参照）。元々それは、三輪明神の神宮寺（大御輪寺）の本尊であったという。この御仏がいまも、別の御寺で人々を励まし続けておられることには心を打たれる。

英語の religion は本来、「結びつき」を意味する言葉であるというのが本書の出発点であった。

すなわち宗教は、神々（あるいは神仏）と人間の「結びつき」を意味するとともに、人間同士の「結びつき」をも意味している。グローバル化と個人化がたゆみなく進行する今日、宗教システムはもはや時代と合わなくなってきている。しかしまた同時に、こう言うこともできる。いまや宗教システムこそが時代と合っている。現実には「宗教の衰退」と「宗教の復興」は、一枚のコインの表と裏の関係にある。そのコインの両面――既存の宗教が徐々に衰退する一方で、新しい宗教（その機能的な等価物を含む）が次々と誕生する過程――を的確にとらえることは、宗教社会学の重要な仕事の一つである。これまで人間は、絶望的な状況のなかで宗教を求め続けてきた。人間が今日、そのような状況から解放されたわけではない。そうであるならば宗教は、人間にとって根源的な問題であり続けている。

宗教について書いてみたいと思ったのは、数年前である。準備期間を経て、実際に執筆にとりかかると、長年温めてきた材料を発酵させ、酒に仕上げるような仕事になった。その新しい酒をいま、新しい革袋に盛って、世に送り出すことになったわけである。その仕上がりがどうであるかは、読み手の皆さんのご判断に委ねるほかはない。――本書の刊行にあたっては多くの方々から、数々のご教示やご助力を頂戴した。残念ながらここで、そのお名前を一つずつあげることはできない。島根大学の山崎亮先生にはデュルケームの宗教概念について、貴重なご教示を頂戴した。聖林寺ご住職・倉本明佳師には十一面観音菩薩像の御手の写真の掲載について、お許しを頂戴した。東京大学出版会編集部の宗司光治氏には本書の構想から刊行にいたる全過程を通じて、行き届いたご配慮を頂戴した。とくにお名前を記して、謝意を表したい。もちろん本書の内容は、すべて著者の責めに属するものである。

新しい酒は新しい革袋に盛れ

二〇二一年三月

著者

＊本書の序文、1章、2章、3章、5章のもとになった原稿を、『亜細亜大学総合学術文化紀要』第三三号から三六号に発表したことを付記する。

# 参考文献一覧


**はじめに**

G・ジンメル『社会分化論・宗教社会学』（『現代社会学大系』第一巻）居安正訳、青木書店〔新編改訳〕、一九九八年
E・デュルケーム『宗教生活の基本形態』上・下、山崎亮訳、ちくま学芸文庫、二〇一四年
M・ウェーバー『プロテスタンティズムの倫理と資本主義の精神』中山元訳、日経BP社、二〇一〇年
M・ウェーバー『世界宗教の経済倫理』中山元訳、日経BP社、二〇一七年
J・ホイジンガ『ホモ・ルーデンス』里見元一郎訳、講談社学術文庫、二〇一八年
P・ブルデュー『実践感覚』全二冊、今村仁司ほか訳、みすず書房、一九八八―九〇年

**1章　宗教**

A・フランス『聖母の曲芸師』堀口大學訳、書肆山田、一九八九年
J・ピコ・デッラ・ミランドラ『人間の尊厳について』大出哲ほか訳、国文社、一九八五年

文部省調査局宗務課編『宗教の定義をめぐる諸問題』文部省調査局宗務課、一九六一年
R・ドーキンス『神は妄想である』垂水雄二訳、早川書房、二〇〇七年
M・エリアーデ『永遠回帰の神話』堀一郎訳、未來社、一九六三年
Th・アクィナス『神学大全44』稲垣良典訳、創文社、二〇〇五年
P・L・バーガー『聖なる天蓋』薗田稔訳、ちくま学芸文庫、二〇一八年
柳田國男『日本の祭』角川ソフィア文庫〔新版〕、二〇一三年
C・ギアーツ『ローカル・ノレッジ』梶原景昭ほか訳、岩波書店、一九九一年
Z・バウマン『コミュニティ』奥井智之訳、ちくま学芸文庫、二〇一七年
本居宣長『古事記伝』一（『本居宣長全集』第九巻）筑摩書房、一九八九年

## 2章　信仰

宮沢賢治『よだかの星』（『新編　銀河鉄道の夜』所収）新潮文庫、一九八九年
宮沢賢治『銀河鉄道の夜』（『新編　銀河鉄道の夜』所収）新潮文庫、一九八九年
宮沢賢治『ひかりの素足』（『注文の多い料理店』所収）新潮文庫、一九九〇年
宮沢賢治『グスコーブドリの伝記』（『新編　風の又三郎』所収）新潮文庫、一九八九年
宮沢賢治『春と修羅』（『新編　宮沢賢治詩集』所収）新潮文庫、一九九一年
W・ジェイムズ『宗教的経験の諸相』上・下、桝田啓三郎訳、岩波文庫、一九六九―七〇年
『聖書〔新共同訳〕』日本聖書協会、一九八八年

アウグスティヌス『告白』全三冊、山田晶訳、中公文庫、二〇一四年
I・カント『実践理性批判』全二冊、中山元訳、光文社古典新訳文庫、二〇一三年
内村鑑三『余はいかにしてキリスト信徒となりしか』鈴木範久訳、岩波文庫、二〇一七年
内村鑑三『天職と一生』（『内村鑑三選集』第一巻所収）岩波書店、一九九〇年
D・デフォー『ロビンソン・クルーソー』増田義郎訳、中公文庫、二〇一〇年
K・マルクス『資本論』第一巻（『マルクス＝エンゲルス全集』第二三巻）岡崎次郎訳、大月書店、一九六五年
M・ウェーバー『プロテスタンティズムの倫理と資本主義の精神』中山元訳、日経BP社、二〇一〇年
S・フロイト『トーテムとタブー』（『フロイト全集』第一二巻所収）門脇健訳、岩波書店、二〇〇九年
S・フロイト『幻想の未来／文化への不満』中山元訳、光文社古典新訳文庫、二〇〇七年
志賀直哉『暗夜行路』（『志賀直哉全集』第四巻）岩波書店、一九九九年
岩鼻通明『出羽三山』岩波新書、二〇一七年

**3章　教団**

N・ホーソーン『緋文字』八木敏雄訳、岩波文庫、一九九二年
E・デュルケーム『宗教生活の基本形態』上・下、山崎亮訳、ちくま学芸文庫、二〇一四年
C・レヴィ＝ストロース『今日のトーテミスム』仲沢紀雄訳、みすず書房〔新装版〕、二〇二〇年
『聖書〔新共同訳〕』日本聖書協会、一九八八年

F・ヨセフス『ユダヤ戦記』全三巻、秦剛平訳、ちくま学芸文庫、二〇〇二年
E・デュルケーム『自殺論』宮島喬訳、中公文庫、二〇一八年
A・ミラー『るつぼ』倉橋健訳、ハヤカワ演劇文庫、二〇〇八年
M・ウェーバー『世界宗教の経済倫理』中山元訳、日経BP社、二〇一七年
芥川龍之介『神神の微笑』（『奉教人の死』所収）新潮文庫、二〇〇一年
K・マルクス、F・エンゲルス『共産党宣言』大内兵衛・向坂逸郎訳、岩波文庫、一九七一年

## 4章　儀礼

Z・バウマン『コミュニティ』奥井智之訳、ちくま学芸文庫、二〇一七年
E・デュルケーム『宗教生活の基本形態』上・下、山崎亮訳、ちくま学芸文庫、二〇一四年
M・ウェーバー『世界宗教の経済倫理』中山元訳、日経BP社、二〇一七年
『聖書〔新共同訳〕』日本聖書協会、一九八八年
吉見崇一『ユダヤの祭りと通過儀礼』リトン、一九九四年
A・ファン・ヘネップ『通過儀礼』綾部恒雄・綾部裕子訳、岩波文庫、二〇一二年
M・エリアーデ『生と再生』堀一郎訳、東京大学出版会、一九七一年
奥井智之『大人になるためのステップ』弘文堂、二〇〇一年
V・W・ターナー『儀礼の過程』冨倉光雄訳、ちくま学芸文庫、二〇二〇年
E・ゴッフマン『アサイラム』石黒毅訳、誠信書房、一九八四年

R・M・マッキーヴァー『コミュニティ』中久郎・松本通晴監訳、ミネルヴァ書房、一九七五年
E・ゴッフマン『儀礼としての相互行為』浅野敏夫訳、法政大学出版局、二〇〇二年
M・ウェーバー『プロテスタンティズムの倫理と資本主義の精神』中山元訳、日経BP社、二〇一〇年
R・K・マートン『社会理論と社会構造』森東吾ほか訳、みすず書房、一九六一年
奥井智之『社会学〔第二版〕』東京大学出版会、二〇一四年
N・エリアス『文明化の過程』上・下、赤井慧爾ほか訳、法政大学出版局、一九七七―七八年
中西裕人『孤高の祈り』新潮社、二〇一七年

## 5章　政治

M・ウェーバー『職業としての政治／職業としての学問』中山元訳、日経BP社、二〇〇九年
B・アンダーソン『定本　想像の共同体』白石隆・白石さや訳、書籍工房早山、二〇〇七年
J・ホイジンガ『ホモ・ルーデンス』里見元一郎訳、講談社学術文庫、二〇一八年
プラトン『国家』上・下、藤沢令夫訳、岩波文庫、一九七九年
J・オルテガ・イ・ガセット『大衆の反逆』神吉敬三訳、ちくま学芸文庫、一九九五年
E・ホッファー『大衆運動』高根正昭訳、紀伊國屋書店、一九六九年
中村元『原始仏典』ちくま学芸文庫、二〇一一年
『聖書〔新共同訳〕』日本聖書協会、一九八八年
N・コーン『千年王国の追求』江河徹訳、紀伊國屋書店〔新装版〕、二〇〇八年

Th・モア『ユートピア』平井正穂訳、岩波文庫、一九五七年
F・エンゲルス『空想より科学へ』大内兵衛訳、岩波文庫、一九六六年
S・クルトワほか『共産主義黒書』全二冊、外川継男・高橋武智訳、ちくま学芸文庫、二〇一六―一七年
福沢諭吉『文明論之概略』岩波文庫〔新版〕、一九九五年
E・バーク『フランス革命の省察』佐藤健志編訳、PHP研究所、二〇一一年
K・マンハイム『イデオロギーとユートピア』高橋徹・徳永恂訳、中公クラシックス、二〇〇六年
奥井智之『社会学の歴史』東京大学出版会、二〇一〇年

**6章　経済**

柳田國男『食物と心臓』(『柳田國男全集』第一〇巻所収)筑摩書房、一九九八年
倉田一郎『経済と民間伝承』東海書房、一九四八年
K・ポランニー『大転換』野口建彦・栖原学訳、東洋経済新報社、二〇〇九年
R・コリンズ『脱常識の社会学〔第二版〕』井上俊・磯部卓三訳、岩波現代文庫、二〇一三年
E・デュルケーム『社会分業論』田原音和訳、ちくま学芸文庫、二〇一七年
M・モース『贈与論』吉田禎吾・江川純一訳、ちくま学芸文庫、二〇〇九年
J・ボードリヤール『消費社会の神話と構造』今村仁司・塚原史訳、紀伊國屋書店〔新装版〕、二〇一五年

Th・ヴェブレン『有閑階級の理論』村井章子訳、ちくま学芸文庫、二〇一六年
D・リースマン『孤独な群衆』上・下、加藤秀俊訳、みすず書房、二〇一三年
B・フランクリン『フランクリン自伝』松本慎一・西川正身訳、岩波文庫、一九五七年
K・マルクス『資本論』第一巻（『マルクス＝エンゲルス全集』第二三巻）岡崎次郎訳、大月書店、一九六五年
M・ウェーバー『プロテスタンティズムの倫理と資本主義の精神』中山元訳、日経BP社、二〇一〇年
W・ゾンバルト『恋愛と贅沢と資本主義』金森誠也訳、講談社学術文庫、二〇〇〇年
R・N・ベラー『徳川時代の宗教』池田昭訳、岩波文庫、一九九六年
J・K・ガルブレイス『バブルの物語』鈴木哲太郎訳、ダイヤモンド社、一九九一年

### 7章　学問

空海『三教指帰』加藤純隆・加藤精一訳、角川ソフィア文庫、二〇〇七年
『ギリシア・ローマ神話事典』大修館書店、一九八八年
M・フーコー『言葉と物』渡辺一民・佐々木明訳、新潮社、一九七四年
Th・クーン『科学革命の構造』中山茂訳、みすず書房、一九七一年
S・ミルグラム『服従の心理』山形浩生訳、河出文庫、二〇一二年
梶山雄一監修『さとりへの遍歴――華厳経入法界品』上・下、中央公論社、一九九四年
森本公誠編『善財童子　求道の旅』東大寺、一九九八年

中村元『華厳経・楞伽経』（現代語訳大乗仏典5）東京書籍、二〇〇三年
大角修『善財童子の旅』春秋社、二〇一四年
山田雄司『怨霊とは何か』中公新書、二〇一四年
村山修一編『天神信仰』雄山閣、一九八三年
福沢諭吉『福翁自伝』岩波文庫〔新訂版〕、一九七八年

## 8章　芸術

佐藤道子『東大寺　お水取り』朝日選書、二〇〇九年
佐藤道子『悔過会と芸能』法蔵館、二〇〇二年
堀池春峰ほか『東大寺お水取り』小学館、一九九六年
W・ベンヤミン『複製技術時代の芸術作品』（『ベンヤミン・コレクションI』所収）久保哲司訳、ちくま学芸文庫、一九九五年
J・E・ハリソン『古代芸術と祭式』佐々木理訳、ちくま学芸文庫、一九九七年
プラトン『国家』上・下、藤沢令夫訳、岩波文庫、一九七九年
I・カント『判断力批判』上・下、篠田英雄訳、岩波文庫、一九六四年
H・アレント『カント政治哲学の講義』浜田義文監訳、法政大学出版局、一九八七年
J・クーパー『クラース』渡部昇一訳、サンケイ出版、一九八四年
P・ブルデュー『ディスタンクシオン』全二冊、石井洋二郎訳、藤原書店、一九九〇年

F・ニーチェ『悲劇の誕生』(『ニーチェ全集』第二巻所収) 塩屋竹男訳、ちくま学芸文庫、一九九三年
G・ジンメル『社会学』上・下、居安正訳、白水社、一九九四年
渡辺裕『聴衆の誕生』中公文庫、二〇一二年
Z・バウマン『コミュニティ』奥井智之訳、ちくま学芸文庫、二〇一七年
L・フロイス『ヨーロッパ文化と日本文化』岡田章雄訳注、岩波文庫、一九九一年
L・フロイス『信長とフロイス』(『完訳フロイス日本史』2) 松田毅一・川崎桃太訳、中公文庫、二〇〇〇年
戸井田道三『能 神と乞食の芸術』せりか書房、一九八二年
折口信夫『村で見た黒川能』(『折口信夫全集第二一巻』所収) 中央公論社、一九九六年
柳田國男『不幸なる芸術・笑の本願』岩波文庫、一九七九年

## 9章 スポーツ

『三上のずいき祭り』ずいき祭保存会、二〇〇一年
K・イシグロ『日の名残り』土屋政雄訳、ハヤカワ文庫、二〇〇一年
F・P・マグーン・ジュニア『フットボールの社会史』忍足欣四郎訳、岩波新書、一九八五年
B・ビュフォード『フーリガン戦記』北代美和子訳、白水社、一九九四年
N・エリアス、E・ダニング『スポーツと文明化』大平章訳、法政大学出版局、一九九五年
N・エリアス『文明化の過程』上・下、赤井慧爾ほか訳、法政大学出版局、一九七七—七八年

E・デュルケーム『宗教生活の基本形態』上・下、山崎亮訳、ちくま学芸文庫、二〇一四年
M・ウェーバー『宗教社会学』武藤一雄ほか訳、創文社、一九七六年
J・ホイジンガ『ホモ・ルーデンス』里見元一郎訳、講談社学術文庫、二〇一八年
D・ゴールドブラット『オリンピック全史』志村昌子・二木夢子訳、原書房、二〇一八年
J・バリー、V・ギルギノフ『オリンピックのすべて』舛本直文訳、大修館書店、二〇〇八年
D・C・ラージ『ベルリンオリンピック一九三六』高儀進訳、白水社、二〇〇八年
藤堂良明『柔道の歴史と文化』不昧堂出版、二〇〇七年
増田俊也『木村政彦はなぜ力道山を殺さなかったのか』上・下、新潮文庫、二〇一四年

## 10章　セクシュアリティ

A・ファン・ヘネップ『通過儀礼』綾部恒雄・綾部裕子訳、岩波文庫、二〇一二年
A・ギデンズ『親密性の変容』松尾精文・松川昭子訳、而立書房、一九九五年
N・ルーマン『情熱としての愛』佐藤勉・村中知子訳、木鐸社、二〇〇五年
J・オースティン『高慢と偏見』上・下、富田彬訳、岩波文庫、一九九四年
J・オースティン『自負と偏見』小山太一訳、新潮文庫、二〇一四年
L・ストーン『家族・性・結婚の社会史』北本正章訳、勁草書房、一九九一年
J・R・ギリス『結婚観の歴史人類学』北本正章訳、勁草書房、二〇〇六年
K・マルクス『資本論』第一巻（『マルクス＝エンゲルス全集』第二三巻）岡崎次郎訳、大月書店、一

九六五年
S・フロイト『幻想の未来／文化への不満』中山元訳、光文社古典新訳文庫、二〇〇七年
M・フーコー『性の歴史』全三冊、渡辺守章ほか訳、新潮社、一九八六年
J・ウィークス『セクシュアリティ』上野千鶴子監訳、河出書房新社、一九九六年
『聖書〔新共同訳〕』日本聖書協会、一九八八年
『岩波キリスト教辞典』岩波書店、二〇〇二年
中村元『原始仏典』ちくま学芸文庫、二〇一一年
『ブッダ 神々との対話』中村元訳、岩波文庫、一九八六年
『ブッダ 悪魔との対話』中村元訳、岩波文庫、一九八六年
松長有慶『理趣経』中公文庫、一九九二年
正木晃『理趣経』角川ソフィア文庫、二〇一九年
柳田國男『家と文学』（『柳田國男全集』第一五巻所収）筑摩書房、一九九八年
『古事記』武田祐吉訳注、角川ソフィア文庫〔新訂版〕、一九七七年
柳田國男『婚姻の話』岩波文庫、二〇一七年
『萬葉集』二（『新編 日本古典文学全集』第七巻）小島憲之ほか訳注、小学館、一九九五年
工藤隆『歌垣の世界』勉誠出版、二〇一五年
辰巳正明『歌垣』新典社新書、二〇〇九年
U・ベック、E・ベック＝ゲルンスハイム『愛は遠く離れて』伊藤美登里訳、岩波書店、二〇一四年

## 11章　生と死

森敦『月山・鳥海山』文春文庫、二〇一七年
L・ウィトゲンシュタイン『論理哲学論考』野矢茂樹訳、岩波文庫、二〇〇三年
大森荘蔵『物と心』ちくま学芸文庫、二〇一五年
N・エリアス『死にゆく者の孤独』中居実訳、法政大学出版局、一九九〇年
Ph・アリエス『死と歴史』伊藤晃・成瀬駒男訳、みすず書房、一九八三年
U・ベック『危険社会』東廉・伊藤美登里訳、法政大学出版局、一九九八年
U・ベック『世界リスク社会論』島村賢一訳、ちくま学芸文庫、二〇一〇年
A・ギデンズ『親密性の変容』松尾精文・松川昭子訳、而立書房、一九九五年
キケロー『老年について』中務哲郎訳、岩波文庫、二〇〇四年
E・H・エリクソンほか『老年期』朝長正徳・朝長梨枝子訳、みすず書房、一九九〇年
E・H・エリクソン『アイデンティティとライフサイクル』西平直・中島由恵訳、誠信書房、二〇一一年
Z・バウマン『コミュニティ』奥井智之訳、ちくま学芸文庫、二〇一七年
ソポクレース『アンティゴネー』中務哲郎訳、岩波文庫、二〇一四年
G・W・F・ヘーゲル『精神現象学』上・下、熊野純彦訳、ちくま学芸文庫、二〇一八年
『聖書〔新共同訳〕』日本聖書協会、一九八八年
『古事記』武田祐吉訳注、角川ソフィア文庫〔新訂版〕、一九七七年

J・G・フレイザー『旧約聖書のフォークロア』江河徹ほか訳、太陽社、一九八八年
柳田國男『先祖の話』角川ソフィア文庫、二〇一三年
中村元『日本人の思惟方法』（『中村元選集』第三巻）春秋社、一九八九年
加地伸行『沈黙の宗教——儒教』ちくま学芸文庫、二〇一一年
G・ガルシア＝マルケス『百年の孤独』鼓直訳、新潮社〔改訳版〕、二〇〇六年

**12章　新しい宗教**

奥井智之『狐憑きと高利貸』（庄司興吉・矢澤修次郎編『知とモダニティの社会学』所収）東京大学出版会、一九九四年
島田裕巳『日本の新宗教』角川選書、二〇一七年
K・J・カウツキー『キリスト教の起源』栗原佑訳、法政大学出版局、一九七五年
島田裕巳『天理教』八幡書店、二〇〇九年
P・L・バーガー『聖なる天蓋』薗田稔訳、ちくま学芸文庫、二〇一八年
K・マルクス、F・エンゲルス『共産党宣言』大内兵衛・向坂逸郎訳、岩波文庫、一九七一年
M・ウェーバー『プロテスタンティズムの倫理と資本主義の精神』中山元訳、日経BP社、二〇一〇年
Th・ルックマン『見えない宗教』赤池憲昭、ヤン・スィンゲドー訳、ヨルダン社、一九七六年
中田考『イスラームの論理』筑摩選書、二〇一六年
小川忠『テロと救済の原理主義』新潮選書、二〇〇七年

W・ゴールディング『蠅の王』平井正穂訳、新潮文庫、一九七五年
M・ユルゲンスマイヤー『グローバル時代の宗教とテロリズム』古賀林幸・櫻井元雄訳、明石書店、二〇〇三年
R・アスラン『仮想戦争』白須英子訳、藤原書店、二〇一〇年
A・マアルーフ『アイデンティティが人を殺す』小野正嗣訳、ちくま学芸文庫、二〇一九年
I・カント『永遠平和のために／啓蒙とは何か』中山元訳、光文社古典新訳文庫、二〇〇六年
N・ヒル『思考は現実化する』上・下、田中孝顕訳、きこ書房〔文庫版〕、二〇一四年
R・K・マートン『社会理論と社会構造』森東吾ほか訳、みすず書房、一九六一年
『聖書〔新共同訳〕』日本聖書協会、一九八八年
大谷栄一『日蓮主義とはなんだったのか』講談社、二〇一九年
日蓮『立正安国論／開目抄』小松邦彰編、角川ソフィア文庫、二〇一〇年
宮崎英修『不受不施派の源流と展開』平楽寺書店、一九六九年
U・ベック『〈私〉だけの神』鈴木直訳、岩波書店、二〇一一年

## おわりに

E・デュルケーム『宗教生活の基本形態』上・下、山崎亮訳、ちくま学芸文庫、二〇一四年
J・ホイジンガ『ホモ・ルーデンス』里見元一郎訳、講談社学術文庫、二〇一八年
空海『秘蔵宝鑰』加藤純隆・加藤精一訳、角川ソフィア文庫、二〇一〇年

## 引用映画一覧

新海誠監督『君の名は。』「君の名は。」製作委員会、二〇一六年
F・フェリーニ監督『道』イタリア作品、一九五四年
Th・アンゲロプロス監督『旅芸人の記録』ギリシア作品、一九七五年
J・アイヴォリー監督『日の名残り』イギリス作品、一九九三年
L・リーフェンシュタール監督『意志の勝利』ドイツ作品、一九三五年
L・リーフェンシュタール監督『オリンピア』（第一部『民族の祭典』、第二部『美の祭典』）ドイツ作品、一九三八年
市川崑総監修『東京オリンピック』東京オリンピック映画協会、一九六五年
黒澤明監督『姿三四郎』東宝映画、一九四三年
滝田洋二郎監督『おくりびと』「おくりびと」製作委員会、二〇〇八年
H・ユーイング、R・グラディ共同監督『ジーザス・キャンプ』アメリカ作品、二〇〇六年

# 人名索引

# 事項索引

**著者略歴**

1958 年　奈良県に生まれる
1981 年　東京大学教養学部教養学科相関社会科学分科卒業
1988 年　東京大学大学院社会学研究科博士課程（社会学専攻）単位取得退学
現　在　亜細亜大学経済学部教授
専　攻　社会学


**主要著作**

『近代的世界の誕生』（弘文堂，1988 年）
『日本問題』（中公新書，1994 年；中公 e ブックス，2002 年）
『アジールとしての東京』（弘文堂，1996 年）
『社会学』（東京大学出版会，2004 年；第 2 版，2014 年）
『社会学の歴史』（東京大学出版会，2010 年）
『プライドの社会学』（筑摩選書，2013 年）
『恐怖と不安の社会学』（弘文堂，2014 年）
『コミュニティ』（翻訳，Z. バウマン著，筑摩書房，2008 年；ちくま学芸文庫，2017 年）


宗教社会学　神、それは社会である

2021 年 5 月 7 日　初　版

［検印廃止］

著　者　奥井智之《おくいともゆき》

発行所　一般財団法人　東京大学出版会
代表者　吉見俊哉
153-0041 東京都目黒区駒場 4-5-29
電話 03-6407-1069　Fax 03-6407-1991
振替 00160-6-59964

印刷所　株式会社平文社
製本所　誠製本株式会社




ISBN 978-4-13-053031-6 Printed in Japan